기독교문서선교회 (Christian Literature Center: 약칭 CLC)는 1941년 영국 콜체스터에서 켄 아담스에 의해 시작되었으며 국제 본부는 미국 필라델피아에 있습니다. 국제 CLC는 59개 나라에서 180개의 본부를 두고, 약 650여 명의 선교사들이 이동도서차량 40대를 이용하여 문서 보급에 힘쓰고 있으며 이메일 주문을 통해 130여 국으로 책을 공급하고 있습니다. 한국 CLC는 청교도적 복음주의 신학과 신앙서적을 출판하는 문서선교기관으로서, 한 영혼이라도 구원되길 소망하면서 주님이 오시는 그날까지 최선을 다할 것입니다.

그리스도인 되기

Be a Christian
Written by Hak-Ryul Kim
All rights reserved.
Korean Edition Copyright ⓒ 2022 by Christian Literature Center, Seoul, Korea.

그리스도인 되기

2022년 12월 10일 초판 발행

지 은 이 | 김학렬

편　　집 | 한명복
디 자 인 | 박성숙
펴 낸 곳 | (사)기독교문서선교회
등　　록 | 제16-25호(1980. 1. 18.)
주　　소 | 서울특별시 동대문구 천호대로71길 39
전　　화 | 02-586-8761~3(본사) 031-942-8761(영업부)
팩　　스 | 02-523-0131(본사) 031-942-8763(영업부)
이 메 일 | clckor@gmail.com
홈페이지 | www.clcbook.com
송금계좌 | 기업은행 073-000308-04-020 (사)기독교문서선교회
일련번호 | 2022-131

ISBN 978-89-341-2513-6 (03230)

이 책의 출판권은 (사)기독교문서선교회가 소유합니다.
신저작권법에 의하여 한국 내에서 보호를 받는 저작물이므로 무단 전재와 무단 복제를 금합니다.

그리스도인 되기

김학렬 지음

Be a Christian

CLC

목차

머리말	5
1장 │ 창조주 하나님	9
1. 창조주는 존재하는가?	10
2. 창조주는 여호와 하나님	17
3. 인간을 향한 창조주 하나님의 뜻	33
2장 │ 하나님의 아들 예수	36
1. 하나님의 아들과 구원	39
2. 하나님의 아들을 통한 세상의 구원	49
3장 │ 믿으라	66
4장 │ 구원을 받으리라	78
5장 │ 구원의 확신	92
6장 │ 그리스도인의 삶	113
1. 하나님의 말씀	115
2. 기도	117
3. 예배	122
4. 고난	127

머리말

김 학 렬 박사
현, 경북대학교 식품공학부 교수

 세상에는 기독교, 불교, 천주교, 힌두교, 이슬람교, 천도교 등 나라마다 민족마다 사람마다 각기 다른 종교를 가지고 있으며 사람들이 각자의 종교를 갖게 되는 이유도 다양합니다.

 그러나 기본적으로 사람들이 종교를 갖는 중요한 이유 중의 하나는 세상을 살아가는 데 있어 자신들이 필요로 하는 세상적 물질적 필요를 충족시키기 위해 인간보다 우월한 능력을 가지고 있다고 믿는 존재(신)로부터 도움을 얻기 위해서입니다.

 그렇지만 인간의 삶은 그러한 목적을 위해 종교를 갖고 또 그 목적을 이루었다고 해도 절대로 온전히 행복해지지는 않습니다. 왜냐하면, 세상적인 필요를 따라 사람들이 원하는 것들 즉 물질, 명예, 권력, 인기, 건강 등은 그 대상들에 대한 욕심이 끝이 없기 때문입니다.

따라서 물질, 권력, 명예, 인기, 건강으로 인간은 진정한 행복을 얻을 수 없습니다. 더구나 그러한 것에 대한 지나친 욕심은 인간을 인간답게 살지 못하게 하고 오히려 더 불행하게 만드는 경우가 대부분입니다.

그렇다면 사람들은 어떻게 해야 정말로 행복한 삶을 살 수 있을까요?

다시 말하면, 어떻게 사는 것이 올바로 의미 있게 인간다운 삶을 사는 것일까요?

이 질문에 대한 답을 얻으려면 먼저 '나는 누구인가?'라는 질문에 대한 답을 알고 있어야 합니다. 이것은 종교의 문제가 아니고 신앙의 문제입니다. 신앙은 자신의 정체성과 존재 이유에 대한 객관적이며 절대적인 진리의 답을 찾는 것입니다.

세상에 종교는 여럿이 있을 수 있으나 올바른 신앙은 오직 하나만 있을 수 있습니다. 왜냐하면, 인간의 정체성과 존재 이유는 사람들이 각자의 생각에 따라 스스로 정하는 것이 아니라 인간을 이 땅에 존재하게 한 절대자(창조주)에 의해 정해지기 때문입니다.

그런데 절대자이며 창조주가 되는 존재는 하나일 수밖에 없으므로 '나는 누구이며 어떻게 해서 이 땅에 존재하게 되었는지 그리고 나는 어떠한 삶을 살아야 하는지'에 대한 정확하고 절대적인 답도 하나일 수밖에 없습니다. 따라서 올바른 신앙도 하나일 수밖에 없습니다.

각각의 종교마다 인간의 올바른 삶의 문제에 대한 교리가 있을 수 있습니다. 모든 종교는 신에 대해 이야기하고 있기 때문에 인간이 이 땅에 존재하게 된 것은 진화에 의해 저절로 이루어진 것이라고 말하는 진화론은 부정합니다. 그러나 창조주를 인정하고 창조주에 대해 올바로 말해 주고 있는 종교는 많지 않습니다.

논리적으로 볼 때 창조주에 대해 명확하게 밝히고 있는 종교는 창조주의 피조물인 인간의 정체성과 존재 이유에 대해서도 올바른 답을 제시해 줄 수 있으므로 올바른 신앙에 대한 답도 제시해 줄 수 있습니다. 세상의 여러 종교 중에 창조주 하나님과 하나님의 아들 예수 그리스도를 믿는 기독교는 창조주에 대해 그리고 인간의 정체성과 존재 이유에 대해 명확한 답을 가장 잘 제시해 주고 있습니다.

인간이 인간다운 삶을 살며 행복한 삶을 누리기 위해서는 먼저 창조주가 누구이며 창조주가 왜 인간을 이 세상에 존재하게 했는지를 알아야 합니다. 그래야만 '나는 누구인가'에 대한 정확한 답 즉 나의 정체성과 존재 이유를 알 수 있기 때문입니다. 피조물인 인간에게는 창조주가 정해 놓은 인간의 정체성과 존재 이유를 따라 사는 것이 가장 인간다운 삶을 사는 것이며 진정한 행복의 삶을 사는 것입니다.

『그리스도인 되기』는 창조주이신 하나님을 처음 믿기로 작정했거나 교회에 출석한 지 오래되지 않은 분들에게 성경에서 말하는 복음의 핵심 내용들을 소개하기 위해 준비되었습니다. 이 책의 내용은 본 저자가 성경에서 말하는 복음의 핵심 내용에 대해 정리하여 별도로 출간한 『평신도의 복음이야기』(CLC, 2022)에 수록된 내용을 이해하기 쉽도록 발췌하고 요약하여 재구성한 것입니다. 이 책에 수록된 내용에 대해 좀 더 세부적인 내용을 알기 원하시는 분들은 『평신도의 복음이야기』를 읽어 보시기 바랍니다.

아무쪼록 이 책을 읽으시는 분들마다 기독교에 대해서 하나님과 예수 그리스도에 대해서 그리고 이 땅에서의 자신의 삶의 이유와 삶의 목적에 대해서 다시 한번 생각해 보고 그에 대한 올바른 답을 찾아 참된 그리스도인으로 살아갈 수 있는 계기가 되기를 바랍니다.

책이 발간되기까지 모든 상황을 허락하시고 인도해 주신 하나님께 모든 영광을 돌립니다. 그리고 옆에서 열심히 도와주며 기도해 준 아내와 녹음 파일 정리에 전력을 다 해 준 사랑스런 딸에게도 고마움을 전합니다.

1장

창조주 하나님

　사람들이 세상을 살아가는 동안 온전히 행복한 삶을 살기 위해서는 먼저 '나는 누구인가?'라는 자신의 정체성에 대한 질문 그리고 '왜, 어떻게 해서, 이 땅에 존재하게 되었는가?'라는 즉 자신의 존재 이유에 대한 질문, 이 두 가지 질문에 대한 절대적이고 객관적이며 변하지 않는 올바른 답을 알고 있어야 합니다.

　왜냐하면, 이 두 가지 질문에 대한 올바른 답을 통해 사람들은 비로소 자신이 어떻게 살아야 하는지 또 무엇을 위해 살아야 하는지를 알 수 있기 때문입니다. 그리고 사람은 그러한 의미와 목적에 따라 자신의 삶을 살아갈 때 비로소 가장 의미 있고 행복한 삶을 사는 것이기 때문입니다.

　그런데 그 답을 찾기 위해서는 먼저 나(인간)를 창조하신 창조주가 누구이며 그리고 나(인간)를 왜 창조하셨는가에 대한 답을 찾아야 합니다. 왜냐하면, 창조주가 누구인지 알고 그 창조주가 나(인간)를 창조하신 이유를 알게 되면 그때 비로소 나

(인간)는 내 자신이 어떠한 존재인지 알게 되고 또 내가 이 세상에 존재하게 된 이유를 알게 되기 때문입니다. 그리고 그 이유가 곧 나(인간)의 삶의 의미가 되고 삶의 목적이 되기 때문입니다.

 이번 첫 번째 장에서는 이 세상을 창조하신 창조주가 어떤 존재인지 그리고 그 창조주께서 인간을 왜 창조하셨는지에 대해 성경 말씀을 근거로 내용들을 확인해 보도록 하겠습니다.

1. 창조주는 존재하는가?

 성경의 제일 첫 번째 문장인 창세기 1장 1절은 "태초에 하나님이 천지를 창조하시니라"라고 기록되어 있습니다. 이 문장의 내용에 포함된 의미를 살펴보면 온 우주 만물(천지)이 존재하는 것은 그 모든 것이 창조되었기 때문이라는 사실과 이는 곧 천지를 창조하신 주체가 있고 그 주체는 바로 하나님이라는 것을 말하고 있습니다. 이 내용은 성경에 기록된 모든 진리의 내용을 함축하여 표현한 성경의 대전제에 해당합니다.

 문장의 내용을 좀 더 세부적으로 살펴보겠습니다. 먼저 '태초에'라는 말 속에 포함된 의미는 이 세상 우주 만물이 존재하기 전에 이미 창조주이신 하나님이 존재하고 계셨다는 사실입니다. 그리고 하나님께서 천지를 창조하셨다는 것은 그분께서 물질 세상을 처음 창조하여 시작하셨을 때 이미 하나님 자신의 특별한 뜻과 목적이 있었다는 것을 말하고 있습니다. 그리고 창조주이신 하나님께서 모든 피조물에 대한 절대적 주권을 가지고 모든 피조물을 자신의 뜻과 목적에 따라 다스리신다는 것을 의미합니다.

따라서 사람들이 창조주를 인정한다는 것은 창조주인 하나님께서 이 세상 모든 만물을 지으셨고 그 속에 자신도 포함되어 있다는 사실을 인정하는 것이며 자신은 바로 하나님의 피조물이라는 사실을 인정하는 것입니다.

그렇다면 하나님께서 왜 우주 만물을 창조하셨으며 또 우주 만물 안에 왜 인간을 지으셨는지 그리고 더 나아가 인간을 향한 창조주 하나님의 뜻과 목적이 무엇인지를 아는 것은 하나님의 피조물인 모든 인간에게 매우 중요한 일이며 처음 기독교를 접하시는 분들에게도 분명히 확인하고 가야 할 중요한 내용인 것입니다.

왜냐하면, 하나님께서 처음 인간을 지으실 때 세우셨던 뜻과 목적을 알게 되면 그것은 곧 우리 인간들이 이 세상을 살아갈 때 무엇을 위해 어떻게 살아가야 하는지에 대한 정확한 답을 제시해 줄 수 있기 때문입니다. 그리고 그 답을 따라 사는 것이 바로 인간의 진정한 삶의 의미와 목적이 되기 때문입니다.

세상이 창조되었다는 사실에 대해 대부분의 사람은 그 사실을 인정하지 않고 믿으려 하지 않기 때문에 창조주의 존재에 대해서도 인정하려 들지 않습니다. 천지가 창조되었다는 사실을 인정하지 않고 창조주의 존재를 인정하지 않기 때문에 세상 사람들은 각자 자신들이 세운 자신의 인생의 목적을 위해 자신들의 생각을 따라 자신들의 방법대로 살아갑니다. 그러나 창조주가 존재한다는 사실에 대해 부인할 수 없는 증거가 있다면 상황은 달라질 것입니다.

창조주의 존재를 증명할 수 있는 몇 가지 사례를 예로 들어 보겠습니다. 오늘날 현대인이라면 누구나 하나씩은 가지고 있는 스마트폰의 경우 스마트폰이 없으면 생활이 힘들 정도로 꼭 필요한 필수품이 되었습니다. 그러나 불과 30여 년 전만 하더라도 스마트폰은 이 세상에 존재하지 않았던 물건입니다. 그런데 사람들이 지금 스마트폰을 사용하고 있다는 것은 스마트폰을 만든 존재가 있다는 것을 반증해 주고 있는 것입니다. 왜냐하면, 30년 전에는 존재하지 않았던 스마트폰이 저절로 생겨나서 우리 손에 있게 된 것은 분명 아니기 때문입니다.

물론 스마트폰이 오늘날과 같은 형태로 발전하기까지는 여러 과정이 필요했겠지만 처음 누구인가 스마트폰을 개발하기로 기획하고 준비하여 만들어 냈기 때문에 오늘날 형태의 스마트폰이 존재하는 것입니다.

우리는 스마트폰을 보면서 스마트폰을 만든 제작자가 누구인지는 모르지만 제작자가 존재한다는 사실에 대해서는 부인할 수가 없습니다. 왜냐하면, 만약에 스마트폰을 만들기로 한 제작자들이 없었다면 스마트폰은 이 세상에 존재하지 않았을 것이 분명하기 때문입니다. 그러므로 스마트폰 자체가 스마트폰의 제작자가 존재한다는 것을 확인하고 증명해 주는 직접적 증거물이 되는 것입니다.

그렇다면 스마트폰과는 비교도 할 수 없을 만큼 정교한 구조와 기능을 가지고 있는 인간의 경우는 어떤가요. 현대 과학이나 의학이 아무리 발전했다고 해도 우리는 아직까지 인간의 몸에 대해 제대로 다 알지도 못하고 있습니다.

세상 학문은 인간이 이 세상에 존재하는 이유를 진화론을 들어 설명하려고 합니다. 눈에 보이지도 않는 매우 작은 미생물로부터 불특정 자발적 진화를 통해 인간의 형태로 나타나게 되었다고 합니다. 그러나 진화의 시작이 된 그 미생물이 어떻게 해서 생명체로 이 세상에 존재하게 되었는지는 설명하지 못합니다.

설령 어떠한 이유로 인해 이 세상에 미생물이 처음 존재했다는 것을 인정한다고 해도 (그럴 리는 없지만) 미생물로부터 불특정 자발적 진화에 의해 저절로 인간의 형태로 나타나게 되었다고 주장하는 것은 과학적으로 볼 때도 그 가능성은 전혀 없습니다.

그처럼 단정 지어 말할 수 있는 근거를 들어 보겠습니다. 과학적으로 확인된 바에 따르면 모든 생물의 표현 형질은 각각의 생물이 가지고 있는 고유의 유전자에 의해 결정됩니다. 그런데 인간이 가지고 있는 유전자의 크기는 미생물의 유전자에 비해 매우 큽니다. 따라서 불특정 자발적 진화에 의해 미생물로부터 인간의 형태로 바뀌기 위해서는 미생물이 가진 유전자로부터 자발적이고 임의적인 유전자 변화에 의해 유전자의 숫자가 늘어나고 유전자 배열이 바뀌어 현재 인간이 가진 유전자의 크기와 배열에 정확하게 일치하는 상태가 되어야 합니다. 그러나 과학자들에 의하면 그렇게 될 확률은 $10^{10,000}$분의 1보다도 작다고 합니다.

그런데 이러한 확률의 숫자는 통계학자나 수학자들에 의하면 단지 숫자에 불과할 뿐이며 그렇게 될 실제 가능성은 제로라는 것을 의미합니다. 일반적으로 확률이 10^{25}분의 1보다 작으면 그 가능성은 제로에 해당한다고 합니다. 다시 말하면, 미생물로부터 임의적이며 자발적 진화에 의해 현재의 인간의 상태로 바뀌어 존재할 가능성이 제로라는 것입니다.

이러한 과학적 증거들은 인간이 이 세상에 존재하는 것은 인간을 존재하게 만든 창조주가 존재하기 때문이라는 것을 더 확실히 보여 주고 있습니다. 따라서 인간의 존재 자체가 인간을 창조한 창조주가 존재한다는 것을 증명해 주는 가장 확실한 직접적 증거가 되기 때문에 어떠한 것으로도 또 어느 누구도 창조주의 존재를 부인할 수 없습니다. 다시 말하면, 우리들 자신이 우리를 창조하신 창조주가 존재한다는 것을 보여 주는 살아 있는 증거물이 되는 것입니다. 성경에서도 이 점을 분명히 확인시켜 주고 있습니다. 로마서 1장의 말씀을 보겠습니다.

> 롬 1:19-20
> 19 이는 하나님을 알 만한 것이 그들 속에 보임이라 하나님께서 이를 그들에게 보이셨느니라
> 20 창세로부터 그의 보이지 아니하는 것들 곧 그의 영원하신 능력과 신성이 그가 만드신 만물에 분명히 보여 알려졌나니 그러므로 그들이 핑계하지 못할지니라

본문의 내용을 살펴보면 창조주가 존재한다는 것을 알 수 있는 증거는 이미 이 세상에 많이 있으며 그것을 창조주께서 보여 주셨다고 말합니다(19절). 그러므로 우리가 눈으로 보고 있는 만물 자체가 만물을 지으신 창조주가 존재한다는 것을 보여 주고 있는 분명한 증거물이기 때문에 우리는 창조주가 존재한다는 것을 핑계할 수 없는 것입니다(20절). 본문에서는 그 창조주를 하나님이라고 분명히 밝히고 있습니다.

그런데 대부분의 사람은 이처럼 부인하려고 해도 부인할 수 없는 확실한 증거를 보면서도 창조주의 존재를 인정하지 않고

믿으려고도 하지 않습니다. 그러나 세상 사람들이 창조주의 존재를 부인하고 창조주이신 하나님을 믿지 않는다고 해도 온 우주 만물이 창조되었으며 창조주이신 하나님이 존재한다는 그 사실 자체는 변하지 않습니다. 그것은 생각이나 신념의 문제가 아니고 실존의 문제입니다. 실존하는 것은 사람들의 생각이나 주장에 따라 존재 자체가 변하지 않습니다.

그런데 이처럼 창조주가 존재한다는 분명한 증거가 있음에도 불구하고 이 세상 사람들 중에 창조주를 인정하고 믿는 자들과 그렇지 않은 자들이 구분되어 나뉜다는 사실은 다른 측면에서 생각해 보면 창조주 하나님을 인정하는 것이 단지 인간의 생각과 의지로만 되는 것이 아니라는 것을 말해 주고 있습니다.

성경은 그것은 오직 믿음을 통해서만 가능하다고 말합니다. 히브리서 11장의 말씀을 보겠습니다.

> 히 11:3
> 믿음으로 모든 세계가 하나님의 말씀으로 지어진 줄을 우리가 아나니 보이는 것은 나타난 것으로 말미암아 된 것이 아니니라

본문에서는 사람들이 모든 세계가 하나님의 말씀으로 지어졌다는 사실을 아는 것은 믿음을 통해서라고 말합니다. 다시 말하면, 이는 믿음이 없으면 온 우주 만물이 창조되었다는 것

과 만물을 창조하신 창조주가 바로 하나님이라는 사실을 인정하고 받아들이는 것이 불가능하다는 것을 말해 주고 있습니다. 따라서 처음 하나님을 믿기로 작정하신 분들은 이러한 믿음을 가질 수 있도록 힘써야 합니다.

그런데 성경에 의하면 이러한 믿음 또한 사람들이 스스로 가질 수 있는 것이 아니라 창조주이신 하나님께서 하락해 주실 때 가질 수 있다고 말합니다. 그러므로 우리는 창조주 하나님을 올바로 알고 올바로 믿을 수 있는 믿음을 가질 수 있게 해 달라고 하나님께 기도해야 합니다.

창조주가 존재한다는 사실을 인정하면 다음은 창조주가 어떠한 존재인지 알아야 하고 창조주께서 인간을 지으신 이유와 목적에 대해 올바로 알아야 합니다. 왜냐하면, 우리는 창조주의 피조물이고 피조물인 인간은 창조주의 뜻을 따라 살아가는 것이 당연하기 때문입니다. 그런데 창조주를 올바로 이해하기 위해서는 먼저 성경에서 창조주에 대해 어떻게 이야기하고 있는지 확인해 보는 것이 필요합니다.

2. 창조주는 여호와 하나님

그리스도인들이 올바른 신앙생활을 해 나가는데 있어 가장 중요한 것을 꼽는다면 창조주 하나님에 대해 올바로 아는 것이라고 말할 수 있습니다.

  믿음생활을 처음 시작하시는 분들은 어떠한 형태로든 성경을 읽고 성경의 내용을 공부할 기회를 가지게 되는데 성경의 내용을 이해하는 데 있어 꼭 필요한 기본이 되는 중요한 요소들이 있습니다. 그러한 중요한 요소 중에서도 가장 기본적이며 핵심적인 것이 바로 창조주 하나님에 대한 올바른 이해와 믿음입니다. 왜냐하면, 창조주 하나님에 대한 올바른 이해와 믿음이 있을 때 그 기반 위에서 성경의 내용을 올바로 이해하여 알게 되고 올바로 믿게 되며 결과적으로 올바른 신앙생활을 할 수 있기 때문입니다.

  그렇게 말할 수 있는 이유는 기독교 교리의 모든 내용이 바로 창조주 하나님을 올바로 아는 것에서부터 시작되고 완성되기 때문입니다. 따라서 창조주 하나님이 어떤 존재인지를 올바로 아는 것은 매우 중요합니다.

  일반적으로 성경에서 하나님을 나타낼 때 영어로는 '갓'(God)이라고 표현을 하고 히브리어로는 '엘로힘'이라는 단어를 사용합니다. 그런데 이 단어는 일반적인 '신'을 나타낼 때 사용하며 인간보다 우월한 초월적 존재라는 의미를 나타냅니다. 기독교뿐 아니라 불교를 비롯한 다른 종교에서도 '신'이라는 용어를 사용합니다. 인도나 일본에는 수많은 신이 존재하는데 그 신들은 모두 의미적으로는 'God' 혹은 '엘로힘'에 해당됩니다. 성경에서도 창조주 하나님을 나타낼 때뿐 아니라 개인적으로 섬기는 우상을 나타낼 때도 모두 '엘로힘'이라는 단어를 사용하고 있습니다.

그러나 성경에서 하나님을 나타낼 때 '엘로힘'이라는 일반적 단어를 사용한다고 해서 성경에서 나타내려고 하는 창조주 하나님의 본질적 정체성이 사람들이 생각하는 일반적인 신과 같다는 것을 말하는 것은 아닙니다. 따라서 우리는 사람들이 생각하는 일반적인 신의 의미보다 성경에서 말하고자 하는 하나님의 본질적 정체성을 아는 것이 무엇보다 중요합니다.

구약성경에서는 창세기 2장 3절까지는 하나님을 이야기할 때 일반적인 신을 나타내는 '엘로힘'을 사용하지만 창세기 2장 4절에서는 처음으로 하나님의 고유한 이름을 사용하여 하나님을 부르는 것을 알 수 있습니다.

> 창 2:4
> 이것이 천지가 창조될 때에 하늘과 땅의 내력이니 여호와 하나님이 땅과 하늘을 만드시던 날에

본문에서 보여 주는 것처럼 창조주이신 하나님을 나타낼 때 하나님의 이름을 '여호와'라고 부르며 '여호와 하나님'이라는 표현을 사용하고 있습니다. 이는 '여호와 하나님'이 바로 창조주라는 것을 말하고 있습니다.

이 세상의 여러 민족은 각자 자신들의 신을 나타내기 위한 별개의 호칭을 사용하는데 이스라엘 사람들이 자신들의 '신'(하나님)을 '여호와'라고 부르고 있는 것이며 창조주이신 하나님을 나타내고 있는 것입니다.

그렇다면 이스라엘 사람들이 사용하는 '여호와'라는 이름의 의미를 파악하는 것은 매우 중요할 수 있습니다. 왜냐하면, '여호와'라는 그 이름이 성경에서 나타내고자 하는 창조주 하나님의 본질적 정체성을 잘 나타내고 있기 때문입니다.

위에서 살펴본 것처럼 이스라엘 사람들은 창조주인 하나님을 '여호와'라고 불렀습니다. 그러나 '여호와'라는 이름만으로는 그 이름이 단지 창조주로서의 의미만을 담고 있는 것인지 아니면 성경에서 나타내고자 하는 또 다른 의미가 담겨 있는지는 분명하지 않습니다. 따라서 우리는 이스라엘 사람들이 '여호와'라는 이름의 의미를 어떻게 받아들이고 있었는지 확인해 볼 필요가 있습니다.

이스라엘 사람들은 자신들의 신 여호와 하나님을 매우 거룩하게 생각했기 때문에 그 이름을 함부로 입에 담는 것조차 부정하게 생각했습니다. 그래서 구약성경을 복사할 때 '여호와'라는 단어가 나오는 대목에서는 '여호와' 대신 '아도나이'라는 단어로 바꾸어 사용하기도 하였습니다. 이는 이스라엘 사람들이 사용한 '아도나이'라는 단어에 '여호와 하나님'이 나타내는 의미가 담겨 있다는 것을 말합니다.

그런데 '아도나이'에는 '나의 주' 혹은 '나의 하나님(신)'이라는 의미가 담겨 있습니다. 즉, 이스라엘 사람들이 '여호와' 하나님을 창조주이면서 전능하신 자신들의 '주'로서 인정하고 받아들였다는 것을 알 수 있습니다.

그런데 창조주이신 여호와 하나님이 전능하시다는 것은 하나님께서 원하시는 일은 무엇이든 이루실 수 있다는 것을 의미합니다. 또한, 여호와 하나님을 자신들의 '주'라고 부른다는 것은 자신들의 생명과 삶의 주권이 자신들에게 있지 않고 자신들의 '주'이신 하나님께 있다는 것을 인정한다는 의미입니다.

당시 사회에서 누군가를 '주'(Lord)라고 부를 때는 '주'에 해당하는 사람이 자신의 생명과 삶에 관한 모든 권한을 가지고 있음을 인정하는 것이었습니다. 이는 우리가 하나님을 어떤 존재로 인식해야 하는지를 잘 말해 주고 있습니다.

그런데 성경을 보면 상황에 따라 사람들이 성경에서 나타내고자 하는 여호와 하나님의 본질적 의미를 올바로 인식하지 못하고 있는 예를 볼 수 있습니다. 창세기 17장에서 그러한 예를 확인해 보겠습니다.

> 창 17:1-2
> 1 아브람이 구십구 세 때에 여호와께서 아브람에게 나타나서 그에게 이르시되 나는 전능한 하나님이라 너는 내 앞에서 행하여 완전하라

> 2 내가 내 언약을 나와 너 사이에 두어 너를 크게 번성하게 하리라 하시니

본문의 내용을 보면 하나님께서 아브람에게 나타나 자신을 소개할 때 '전능한 하나님'이라고 말씀하고 있습니다. 그런데 이때 '전능한 하나님'을 나타내는 히브리어는 '엘 샤다이'라는 단어를 사용하고 있습니다. '엘'은 '엘로힘'의 줄임말이고 '샤다이'는 '전능한'이라는 뜻입니다. 그래서 우리말로는 전능한 하나님으로 번역하였습니다. 그러나 출애굽기 6장에 보면 하나님께서 자신을 나타내실 때 조금 다르게 말씀하시는 것을 알 수 있습니다.

출 6:2-7

> 2 하나님이 모세에게 말씀하여 이르시되 나는 여호와이니라
> 3 내가 아브라함과 이삭과 야곱에게 전능의 하나님으로 나타났으나 나의 이름을 여호와로는 그들에게 알리지 아니하였고
> 4 가나안 땅 곧 그들의 우거하는 땅을 주기로 그들과 언약하였더니
> 5 이제 애굽 사람이 종을 삼은 이스라엘 자손의 신음을 듣고 나의 언약을 기억하노라
> 6 그러므로 이스라엘 자손에게 말하기를 나는 여호와라 내가 애굽 사람의 무거운 짐 밑에서 너희를 빼내며 그들의 노역에서 너희를 건지며 편 팔과 여러 큰 심판들로써 너희를 속량하여

> 7 너희를 내 백성으로 삼고 나는 너희의 하나님이 되리니 나는 애굽 사람의 무거운 짐 밑에서 너희를 빼낸 너희의 하나님 여호와인 줄 너희가 알지라

본문은 하나님께서 이스라엘 민족을 애굽에서 구해 내시기 전에 먼저 모세에게 나타나 하나님께서 하시고자 하는 일에 대해 설명하는 내용을 기록하고 있습니다. 그런데 2절에 보면 하나님께서 모세에게 말씀하시면서 자신을 '여호와'라고 소개하고 있습니다. 창세기 17장에서는 자신을 '전능한 하나님'으로 아브람에게 이야기했지만 모세에게는 자신을 '여호와'라고 표현한 것입니다.

그리고 3절의 내용을 보면 하나님께서 아브라함과 이삭과 야곱에게는 전능의 하나님으로 나타났으나 자신의 이름을 여호와로는 그들에게 알리지 아니하였다고 말씀하고 있습니다. 여기에 사용된 '전능의 하나님'은 앞서 창세기 17장에 사용되었던 히브리어 '엘 샤다이'에 해당됩니다.

그러나 성경에 기록된 여러 내용을 살펴보면 아브라함, 이삭, 야곱은 계속해서 하나님을 '여호와'라고 부르고 있음을 알 수 있습니다. 이를 통해 우리가 알 수 있는 것은 아브라함과 이삭과 야곱이 자신들의 신(하나님)을 '여호와'라고 부르긴 불렀지만 그들이 생각하는 하나님은 전능한 하나님으로만 인식하고 있었을 뿐이며 하나님께서 자신을 사람들에게 나타내

시기를 원하셨던 본질적 의미의 '여호와' 하나님으로는 인식하지 못하고 있었다는 것입니다.

이는 하나님께서 자신을 사람들에게 나타내시기를 원하시는 '여호와'로서의 하나님과 사람들이 생각하는 전능한 신으로서의 하나님 사이에 본질적인 차이가 있음을 말해 주고 있습니다.

이 차이를 이해하기 위해서는 본문에 사용된 '알리다'라는 단어의 의미를 주목해 볼 필요가 있습니다. 이 단어는 '알게 하다'라는 의미이며 이때 '알다'는 어떤 대상을 단지 피상적으로 아는 것을 의미하기보다 그 대상을 구별하여 인식하는 것 혹은 대상의 본질과 정체성을 자세히 깨달아 아는 것을 나타냅니다.

따라서 본문 3절의 내용을 다시 정리하면 하나님께서 아브라함, 이삭, 야곱에게 자신이 '여호와'임을 올바로 깨달아 알 수 있게 하지 않았기 때문에 그들이 하나님을 '여호와'로 부르긴 했지만 하나님께서 자신을 나타내고자 하는 본질적 의미를 온전히 깨닫지 못하고 단지 '여호와'라는 이름으로만 불렀다는 것입니다. 이 내용을 다른 측면에서 살펴보면 사람들이 여호와 하나님의 본질적 의미를 올바로 알고 인식하기 위해서는 하나님의 간섭하심이 있어야 한다는 것을 의미합니다.

그런데 그럼에도 불구하고 하나님께서는 아브라함과 이삭과 야곱에게 가나안 땅을 그들에게 주기로 약속하셨고 그 약속을 지키기 위해 이스라엘 민족을 애굽에서 구해 내시고자 하는 것입니다(4-5절). 그러므로 6절의 내용을 보면 하나님께서 모세에게 말씀하시면서 이스라엘 사람들에게 하나님 자신을 소개할 때 '여호와'로 알리라고 말하고 있습니다.

그리고 하나님께서 이스라엘 민족을 애굽에서 왜 이끌어 내고자 하시는지 그 이유를 이야기해 주라고 말씀하고 있습니다. 즉, 하나님께서 이스라엘 민족을 애굽에서 구해 내고자 하는 이유는 하나님께서 아브라함과 이삭과 야곱에게 약속하신 하나님의 약속을 지키기 위해 이스라엘 민족을 속량하여 구원해 내고 그리고 그들을 하나님의 백성으로 삼으며 하나님 자신은 그들의 하나님이 되기 위해서라는 것입니다. 그렇기 때문에 이스라엘 민족은 자신들을 구원하신 하나님(신)이 '여호와'라는 것을 알아야 한다고 말씀하고 있는 것입니다(7절).

즉, 이스라엘 민족이 알아야 할 그들의 하나님 여호와는 약속을 반드시 지키시는 분이며 자신들의 구원자이며 자신들을 다스리는 전능하신 왕으로서의 본질적 의미를 가진 하나님이라는 것입니다.

이처럼 하나님께서 인간들에게 자신을 '여호와'로 나타내고자 하시는 본질적 의미에는 창조주이시며 전능하신 신이시며 동시에 약속을 지키시는 분, 구원자 그리고 인간을 다스리는 왕이라는 사실이 포함되는 것입니다. 이는 이스라엘 민족뿐 아니라 우리 그리스도인들에게도 동일하게 적용되는 것입니다.

따라서 우리는 하나님을 알되 단지 전능하신 하나님으로서만 알면 안 됩니다. 전능하신 하나님으로만 알게 되면 사람들은 하나님을 생각할 때 자신이 원하는 것을 충족시켜 줄 수 있는 능력 있는 존재로만 알게 됩니다. 우리가 알아야 하는 하나님은 전능하신 창조주이시며 하나님의 약속에 따라 나의 생명을 구원하시는 나의 구원자이며 나를 다스리시는 나의 왕이신 하나님 '여호와'로 올바로 알아야 하는 것입니다.

자신의 구원자이며 자신을 다스리는 왕을 우리는 '주'라고 부릅니다. 그래서 우리는 하나님을 '주 하나님'이라고 부르는 것입니다. 창세기 28장에는 하나님께서 야곱에게 자신을 어떠한 존재로 나타내셨는지를 보여 주는 내용이 기록되어 있습니다. 야곱이 자신의 형을 피해 삼촌에게로 도망가는 중에 광야에서 노숙하다가 꿈에 하나님을 만나는 대목입니다.

창 28:13-15

13 또 본즉 여호와께서 그 위에 서서 이르시되 나는 여호와니 너의 조부 아브라함의 하나님이요 이삭의 하나님이라 네가 누워 있는 땅을 내가 너와 네 자손에게 주리니

14 네 자손이 땅의 티끌 같이 되어 네가 서쪽과 동쪽과 북쪽과 남쪽으로 퍼져나갈지며 땅의 모든 족속이 너와 네 자손으로 말미암아 복을 받으리라

> ¹⁵ 내가 너와 함께 있어 네가 어디로 가든지 너를 지키며 너를 이끌어 이 땅으로 돌아오게 할지라 내가 네게 허락한 것을 다 이루기까지 너를 떠나지 아니하리라 하신지라

본문의 내용을 보면 하나님께서는 꿈속에서 야곱에게 자신을 '여호와'라고 소개하면서 야곱의 할아버지인 아브라함의 하나님이요 야곱의 아버지인 이삭의 하나님이라고 말씀하고 있습니다(13절). 그리고 야곱에 대해서는 야곱과 함께 있어서 그가 어디로 가든지 그를 지키며 그를 이끌어 본래의 땅으로 다시 돌아오게 할 것이며 하나님께서 야곱에게 허락하신 것을 다 이루기까지 그를 떠나지 않겠다고 말씀하고 있습니다(15절). 즉, 하나님께서는 야곱을 통해 이루시고자 하는 어떤 계획이 있으며 그 일을 다 이루실 때까지 늘 야곱과 함께하시겠다는 약속을 하고 있는 것입니다.

성경에 나오는 야곱은 하나님께 택함을 받은 자의 모형을 보여 주는 인물입니다. 따라서 본문의 내용을 통해 성경이 말하고자 하는 것은 하나님께서는 그분이 택하신 자들을 통해 이루시고자 하는 선하신 뜻을 가지고 계시며 그 일을 다 이루실 때까지 그들을 끝까지 지키시고 도우신다는 사실입니다.

하나님께서는 택하신 자들을 통해 이루시고자 하는 자신의 계획을 온전히 이루실 때까지 자신의 의지에 따라 자신의 약속을 지켜 나가실 것입니다. 전능하신 하나님께서 말씀하신

것이므로 그 사실에 변함이 없습니다. 이것은 하나님께서 자신을 '여호와'로 나타내시기를 원하는 이유 중에서도 매우 중요한 내용입니다.

앞에서 살펴본 내용을 종합해 보면 하나님께서는 인간들에게 자신을 '여호와' 하나님으로 나타내고자 하는 하나님의 정체성 혹은 하나님의 본질적 의미를 가지고 있다는 것입니다. 즉, 성경에서 말하는 여호와 하나님은 창조주이며 전능하신 신이며 인간들의 구원자이고 인간들의 왕으로서 인간들을 다스리시지만 또한 인간들을 향한 선하신 계획을 가지고 있으며 그 계획을 반드시 이루실 하나님이라는 것입니다. 이러한 하나님이 바로 인간들이 올바로 알아야 하는 '여호와' 하나님의 의미가 되는 것입니다.

따라서 하나님께서 택하신 자들을 통해 이루시고자 하는 계획에는 택함을 받은 자들이 여호와 하나님을 '전능하신 나의 주'로서 올바로 깨달아 알고 그 하나님께 순종하게 하는 것이 또한 중요한 부분을 차지합니다. 그리고 그 계획을 반드시 이루실 것이라는 약속도 포함됩니다.

그런데 하나님께서 이러한 계획을 이루어 가시는 과정 중에 택함을 받은 자들의 삶의 여정에 나타나는 실제 모습을 보면 항상 평탄한 길만 있는 것이 아니라 때로 환란이나 어려움을 당하는 일들도 나타날 수 있습니다. 왜냐하면, 하나님께서는 자신이 택한 자들을 통해 자신의 뜻을 이루어 가시는 과정에서 필요하다면 그러한 환란이나 어려움을 허락하실 것이기 때문입니다.

이 사실을 인정하는 것은 우리가 여호와 하나님을 '전능하신 나의 주'로서 인정하는 데 있어 매우 중요한 핵심이 됩니다. 왜냐하면, 그리스도인들의 삶 속에서 자기가 원하지 않은 어려움이나 환란을 당했을 때 그 어려움뿐 아니라 자신의 생명과 자신의 삶의 모든 것에 대해 하나님의 주권을 온전히 인정하는 것이 바로 하나님을 '여호와' 하나님으로 올바로 알고 믿는 것이기 때문입니다.

일반적으로 사람들은 하나님을 생각할 때 위에서 설명한 '여호와' 하나님으로 보지 않고 자신들이 원하는 하나님으로 보려는 경향이 있습니다. 그래서 하나님을 섬기되 자신들이 세상적으로 필요로 하는 재물, 명예, 권력, 인기, 건강 등을 공급해 주시는 전능하신 하나님이기를 바라고 섬기려고 합니다. 그래서 교회에 나가는 것도 하나님을 부르고 기도하는 것도 그러한 목적을 따라서 하게 됩니다. 그러나 이것은 여호와 하나님을 잘못 알고 잘못 섬기고 있는 것입니다.

이러한 심각한 문제를 극복하기 위해서는 먼저 여호와 하나님에 대한 올바른 지식과 올바른 믿음이 있어야 합니다. 하나님께서 자신을 인간들에게 나타내기를 기뻐하시는 '여호와' 하나님의 본질적 의미에 맞게 하나님을 올바로 알아야 합니다. 그렇게 될 때 우리는 여호와 하나님을 올바로 알고 믿을 수 있고 올바로 섬길 수 있게 되며 하나님과의 올바른 관계를 유지할 수 있습니다.

우리는 창조주 하나님이 어떤 존재이며 또 나는 어떤 존재인지를 올바로 알고 있어야 합니다. 그리고 창조주 하나님과 나 사이에 세워진 관계가 올바로 정립되고 유지되어야 하며 나를 통해 이루시고자 하는 하나님의 선하신 뜻이 무엇인지 분명히 알아야 합니다. 그리스도인의 올바른 신앙은 바로 여기에서부터 시작되어야 합니다.

그런데 여기에서 우리가 한 가지 주목해서 보아야 할 것은 앞서 살펴본 출애굽기 6장 3절에서 사람들에게 여호와를 알게 하는 주체가 하나님이라는 사실입니다. 이는 하나님께서 사람들에게 하나님 자신을 알도록 해 주셔야 사람들이 비로소 여호와 하나님을 올바로 알 수 있다는 것을 의미합니다.

하나님을 올바로 알지 못하면 하나님을 올바로 믿을 수 없게 됩니다. 설령 믿는다고 하더라도 그 믿음은 잘못된 믿음이 됩니다. 그래서 우리는 먼저 하나님께 여호와 하나님을 올바로 알 수 있게 해 달라고 기도해야 합니다. 우리의 올바른 믿음을 위해서나 우리의 올바른 신앙생활을 위해서 반드시 필요한 것입니다.

성경에 나타나는 '믿음'이라는 단어에는 누군가로 하여금 어떤 것을 설득하여 하게 한다는 의미가 내포되어 있습니다. 이는 하나님을 알게 하는 것도 또 하나님을 믿게 하는 것도 그 주체는 하나님이라는 사실을 말해 주고 있습니다. 그래서 우리는 하나님을 올바로 알게 해 달라고 그래서 하나님을 올바로 믿을 수 있게 해 달라고 하나님께 기도해야 하는 것입니다.

그런데 우리가 아는 것과 믿는 것의 대상은 하나님뿐 아니라 하나님의 말씀 즉 성경의 내용과 성경 내용의 핵심인 예수 그리스도와 복음의 내용이 모두 포함되어야 합니다. 하나님을 올바로 알기 위한 올바른 기도를 통해 하나님께 대한 우리의 인식이 '전능한 하나님'(엘 샤다이)에서 '여호와 하나님'으로 바뀌어 갈 수 있습니다.

그런데 여호와 하나님을 올바로 알고 올바로 믿기 위해서 우리는 먼저 하나님에 대해, 예수 그리스도에 대해 그리고 복음에 대해 기록하고 있는 성경 말씀의 본질을 올바로 깨달아 알아야 합니다. 그렇게 될 때 비로소 우리는 여호와 하나님을 올바로 알고 올바로 믿고 자신의 주로 인정할 수 있습니다. 신명기 26장의 말씀을 보겠습니다.

> 신 26:17
> 네가 오늘 여호와를 네 하나님으로 인정하고 또 그 도를 행하고 그의 규례와 명령과 법도를 지키며 그의 소리를 들으라

본문에서는 여호와를 네 하나님으로 인정하고 그의 소리를 들으라고 말하고 있습니다. 하나님의 소리를 듣는다는 것

은 성경에 기록된 하나님 말씀의 본질을 올바로 이해하고 깨닫는 것을 의미합니다. 기록된 글자 자체의 내용뿐 아니라 글자로 기록된 성경의 내용들을 통해 하나님께서 나타내기를 원하시는 하나님 말씀의 본질적 의미를 발견하여 이해하고 깨달아 안다는 의미입니다. 그렇게 될 때 우리는 성경에서 이야기하는 하나님의 도와 규례와 명령과 법도가 어떠한 의미인지를 알고 그 본질을 따라 하나님의 말씀을 지킬 수 있습니다.

성경 말씀을 통해 우리를 향한 하나님의 계획과 선하신 뜻을 알게 되면 우리는 우리의 '주'이신 하나님의 뜻을 따라 충성된 종으로 하나님께 순종하며 나아갈 수 있습니다. 하나님은 창조주이시며 약속을 지키시는 분이며 나에게 생명을 주시고 나의 생명을 끝까지 지키시고 보호해 주실 전능하신 나의 주님이십니다. 그러므로 우리는 어떠한 상황에서도 그 하나님을 믿고 하나님께 모든 것을 맡기고 담대하게 이 세상에서 승리하며 나아가야 합니다. 잠언 3장의 말씀을 보겠습니다.

잠 3:6
너는 범사에 그를 인정하라 그리하면 네 길을 지도하시리라

본문에 나오는 '인정하다'는 '올바로 깨달아 알다'라는 의미를 가지고 있습니다. 그리고 '지도하다'는 '똑바르게 하다', '올바르게 하다', '평탄하게 하다' 등의 의미를 나타냅니다. 두

단어의 의미를 따라 본문의 내용을 다시 정리하면 우리가 우리의 모든 일(범사, 삶)에 있어서 여호와 하나님의 뜻을 올바로 깨달아 알고 하나님의 주권을 인정하게 되면 하나님께서는 우리가 좌로나 우로나 치우치지 않고 하나님의 선하신 뜻을 따라 올바르게 나아가도록 우리의 길을 인도하실 것이라는 의미입니다.

이는 하나님의 약속의 말씀이므로 하나님께서는 야곱에게 약속하셨던 것처럼 우리들에게도 반드시 그 약속을 지키실 것입니다. 이제 남은 것은 우리가 하나님을 '여호와' 하나님으로 인정하고 올바로 믿는 것입니다.

3. 인간을 향한 창조주 하나님의 뜻

일반적으로 사람들이 새로운 제품을 만들 때는 제품을 만들기 전에 먼저 제품의 사용 용도를 정하고 그 용도에 맞게 설계한 뒤 제작을 하게 됩니다. 그런데 경우에 따라서는 제작된 제품이 용도에 맞지 않게 오작동을 일으키는 불량품이 되기도 합니다. 제작자의 의도와는 다르게 작동하기 때문에 불량품이라고 판정을 받게 되는 것입니다.

창조주 하나님과 피조물인 인간의 관계로 이와 비슷합니다. 인간을 향한 창조주 하나님의 뜻이 분명히 있기 때문에 그 뜻을 알고 그 뜻을 따라 올바로 살아가는 것은 정상적이지만 창조주 하나님을 인정하지 않고 자신의 뜻대로 살아가는 것은 불량품과 같은 것입니다. 그러므로 피조물인 우리 인간에게는 창조주 하나님께서 인간을 지으신 이유와 목적에 맞게 살아갈 때 그것이 바로 올바르고 행복한 삶을 사는 것이며 또한 그것이 자신의 존재 이유를 따라 올바른 삶을 사는 것입니다. 우리는 정상품의 인간이 되어야 합니다.

그런데 그러기 위해서는 인간을 지으신 하나님께서 인간들을 향해 세우신 뜻이 무엇인지 즉 인간을 향한 하나님의 뜻에 대해 성경은 어떻게 이야기하고 있는지 먼저 확인해 보아야 합니다. 요한복음 6장의 말씀을 보겠습니다.

요 6:38-40

38 내가 하늘에서 내려온 것은 내 뜻을 행하려 함이 아니요 나를 보내신 이의 뜻을 행하려 함이니라

39 나를 보내신 이의 뜻은 내게 주신 자 중에 내가 하나도 잃어버리지 아니하고 마지막 날에 다시 살리는 이것이니라

40 내 아버지의 뜻은 아들을 보고 믿는 자마다 영생을 얻는 이것이니 마지막 날에 내가 이를 다시 살리리라 하시니라

본문의 말씀을 요약하면 하나님께서 예수 그리스도를 이 땅에 보내신 것은 우리를 향한 하나님의 뜻을 이루기 위한 것이

고 그리고 그 뜻은 하나님의 아들 예수 그리스도를 보고 믿는 자에게 영생을 주는 것이라고 말하고 있습니다.

이처럼 우리 인간을 향한 창조주 하나님의 뜻은 분명합니다. 따라서 이제 우리는 하나님의 그 뜻을 따라 하나님의 아들 예수 그리스도가 어떠한 존재인지 그분이 하나님의 뜻을 행하기 위해 이 땅에서 어떠한 일을 행하셨는지를 올바로 알고 믿어야 합니다. 이 믿음을 통해 우리는 하나님께서 주시는 영생을 얻고 구원받은 자로서의 행복한 삶을 살아갈 수 있습니다.

그런데 본문에서 말하는 '하나님의 아들 예수 그리스도를 보고 믿는 자마다 영생을 얻게 됨'은 인간의 구원을 위해 창조주이시며 전능하신 자 여호와 하나님께서 정하신 것입니다. 따라서 어느 누구도 그 길을 바꾸거나 무효화시킬 수 없으며 다른 어떤 길로도 그 길을 대신할 수 없습니다. 그러므로 누구든지 하나님께 영생을 얻으려면 반드시 하나님의 아들 예수 그리스도를 보고 믿어야 합니다.

이어지는 다음 장에서부터는 하나님의 아들, 예수 그리스도, 믿음, 구원 등에 대해 성경 말씀을 중심으로 의미를 살펴보고 그 속에서 하나님께서 기뻐하시는 하나님의 온전한 뜻이 무엇인지 확인해 보도록 하겠습니다.

2장

하나님의 아들 예수

 앞장에서는 하나님의 존재와 정체성에 관련하여 전능하신 창조주이신 여호와 하나님에 대해 알아보았습니다. 여호와 하나님은 온 우주 만물의 창조주이시고 창조주 하나님은 하나님께서 창조하신 피조물 중 특별히 인간들을 통해 이루시고자 하는 선하신 뜻을 가지고 계십니다. 그러므로 피조물인 우리 인간들은 창조주 하나님의 선하신 뜻을 따라 살아가는 것이 당연한 것이며 또 반드시 그렇게 해야 하는 것입니다.
 그런데 인간들을 향한 하나님의 뜻은 하나님의 아들 예수 그리스도를 보고 믿는 자에게 하나님께서 영생을 주시는 것이므로 우리들은 먼저 예수 그리스도를 올바로 알고 믿어야 합니다. 그리고 이와 관련하여 하나님의 아들, 예수 그리스도, 믿음, 영생, 구원 등이 성경에서 어떤 의미를 나타내고 있는지 명확하게 알고 있어야 합니다.
 이러한 개념은 그리스도인들이라면 누구나 반드시 확인하고 알고 있어야 하는 기독교 교리의 핵심적 내용이지만 무엇보다도 그리스도인들의 구원과 영생에 직접 관련되어 있는 내용들이므로 반드시 성경을 근거로 정확한 의미를 파악하여 알고 있어야 합니다. 성경에 근거하지 않고 개인적인 생각과 의견으로 사사로이 풀게 되면 성경에서 말하고자 하는 본질적 의미에서 벗어나 진리에서 멀어지게 되고 구원이나 영생과는 상관이 없게 됩니다.

이번 장에서는 하나님의 아들이신 예수 그리스도와 그리스도인의 구원이 어떻게 연결되는지 성경 말씀을 통해 확인해 보도록 하겠습니다. 사도행전 16장에서 관련 구절을 확인해 보겠습니다.

> 행 16:30-32
> 30 그들을 데리고 나가 이르되 선생들이여 내가 어떻게 하여야 구원을 받으리이까 하거늘
> 31 이르되 주 예수를 믿으라 그리하면 너와 네 집이 구원을 받으리라 하고
> 32 주의 말씀을 그 사람과 그 집에 있는 모든 사람에게 전하더라

본문 31절의 내용을 보면 사람이 어떻게 하면 구원을 받을 수 있는가에 대한 답을 명확하게 보여 주고 있습니다. 그것은 바로 '주 예수를 믿으라'입니다. 즉, 사람이 구원을 받기 위해서는 예수를 자신의 '주'로서 인정하고 믿는 것 외에는 없다

는 것입니다.

여기에 사용된 '주'는 앞에서 살펴본 '여호와' 하나님에 해당하는 의미로서 '전능하신 나의 주'라는 의미를 나타냅니다. 그러므로 '주 예수'라는 표현은 '여호와 하나님과 동등한 나의 주 예수'라는 의미입니다. 따라서 사람이 구원을 받기 위해서는 주 예수를 믿어야 하는데 이는 곧 예수님이 하나님과 동등한 존재라는 것을 알고 믿어야 한다는 것을 말합니다.

그런데 앞장 후반부에서 살펴본 요한복음 6장에서는 영생을 얻기 위해서는 아들을 보고 믿어야 한다고 했습니다. 그러나 성경에서 말하는 '구원을 받음'과 '영생을 얻음'은 같은 의미를 나타내기 때문에 본문 31절과 요한복음 6장 40절은 같은 내용을 말하고 있는 것입니다. 다만 믿음의 대상이 '하나님의 아들'과 '주 예수'로 다르게 표현되었을 뿐입니다.

따라서 두 내용을 비교하여 분석해 보면 '주'이신 예수는 하나님의 아들이라는 결론을 얻게 됩니다. 즉, 예수님은 전능하신 하나님과 동등한 하나님의 아들이라는 것입니다. 이와 관련하여 마가복음 1장 1절에서는 '하나님의 아들 예수 그리스도의 복음'이라는 표현을 사용하여 예수님이 바로 하나님의 아들이라는 사실을 보다 더 명확하게 밝히고 있습니다.

그러므로 주 예수를 믿으면 구원을 얻게 된다는 본문의 내용에서 예수님이 하나님의 아들이라는 사실이 인간의 구원을 위해 중요한 역할을 하고 있음을 알 수 있습니다. 따라서 지금부터는 인간의 구원과 관련하여 '하나님의 아들'이 어떤 의미를 나타내고 있는지 확인해 보겠습니다.

1. 하나님의 아들과 구원

일반적으로 사람들이 '누구의 아들'이라는 표현을 쓸 때는 '누구'에 해당하는 자에게 더 큰 의미가 주어지게 되고 또 관심이 쏠리게 됩니다. 예를 들어 대통령의 아들이라고 말할 때는 아들보다는 그 사람의 아버지가 대통령이라는 사실에 더 큰 관심이 쏠리게 됩니다. 그리고 대통령의 아들이기 때문에 그 아들은 일반인과는 다른 특별한 관심을 받게 됩니다.

그런데 유대인들에게 있어 아들 특히 장자는 좀 더 특별한 의미를 가지고 있습니다. 성경에서 장자(맏아들)로서 아들이라는 단어를 사용할 때는 '아버지와 본질이 같은 자', '상속자로서 아버지가 가진 모든 권한을 가진 자', '아버지로부터 생명을 부여받은 자'라는 의미를 나타냅니다. 따라서 하나님의 유일한 아들이신 예수님은 하나님의 장자로서 하나님과 본질이 같고 하나님의 권능과 권한을 동일하게 가지고 있으며 하나님으로부터 생명을 부여받은 자가 되는 것입니다.

앞에서 우리는 이미 여호와 하나님이 어떠한 존재인지에 대해 살펴보았습니다. 모든 만물의 창조주이시며 전능하신 왕으로서 인간을 다스리시는 분이고 인간들을 사랑하셔서 인간들을 구원하고자 하는 뜻을 가지신 분입니다. 그러므로 하나님의 아들이신 예수님도 하나님께서 가지고 계신 동일한 권세와 동일한 능력과 동일한 뜻을 가지고 계십니다. 예수님께서도 하나님과 자신의 관계에 대해 직접 말씀하셨습니다. 요한복음 10장의 내용을 살펴보겠습니다.

> 요 10:26-30
>
> 26 너희가 내 양이 아니므로 믿지 아니하는도다
>
> 27 내 양은 내 음성을 들으며 나는 그들을 알며 그들은 나를 따르느니라
>
> 28 내가 그들에게 영생을 주노니 영원히 멸망하지 아니할 것이요 또 그들을 내 손에서 빼앗을 자가 없느니라
>
> 29 그들을 주신 내 아버지는 만물보다 크시매 아무도 아버지 손에서 빼앗을 수 없느니라
>
> 30 나와 아버지는 하나이니라 하신대

본문 30절에 보면 예수님께서 '나와 아버지는 하나다'라고 직접 말씀하고 있습니다. 즉, 예수님은 전능한 하나님이신 아버지와 본질이 같고 아버지의 모든 권세를 가지고 있으며 생명을 가진 자이기 때문에 예수님 자신도 자신이 원하는 자들(예수님을 믿고 따르는 자들)에게 생명을 줄 수 있다는 것입니다(28절).

그런데 그 생명은 영원한 것이기 때문에 영생(영원한 생명)을 가진 그들은 영원히 멸망하지 않고 예수님과 항상 함께하게 되는 것입니다. 그리고 어느 누구도 그 일을 방해하거나 막을 수 없는 것입니다. 왜냐하면, 예수님은 하나님의 아들로서 하나님과 동등한 권세를 가지고 있는데 그 하나님은 전능하신 절대자이기 때문입니다(29절).

예수님이 바로 절대자이시고 전능하신 구원자 여호와 하나님과 동일하신 존재이기 때문에 우리는 예수님을 '주 예수 그리스도'라고 부릅니다. 이는 곧 우리가 구원을 얻는 것은 구원에 관한 모든 권한을 하나님으로부터 물려받은 예수 그리스도를 통해야만 가능하다는 것을 말해 주고 있습니다. 요한복음 14장에 보면 예수님께서도 직접 이 사실에 관해 말씀하셨습니다.

> 요 14:6-10
>
> 6 예수께서 이르시되 내가 곧 길이요 진리요 생명이니 나로 말미암지 않고는 아버지께로 올 자가 없느니라
>
> 7 너희가 나를 알았더라면 내 아버지도 알았으리로다 이제부터는 너희가 그를 알았고 또 보았느니라
>
> 8 빌립이 이르되 주여 아버지를 우리에게 보여 주옵소서 그리하면 족하겠나이다

> 9 예수께서 이르시되 빌립아 내가 이렇게 오래 너희와 함께 있으되 네가 나를 알지 못하느냐 나를 본 자는 아버지를 보았거늘 어찌하여 아버지를 보이라 하느냐
> 10 내가 아버지 안에 거하고 아버지는 내 안에 계신 것을 네가 믿지 아니하느냐 내가 너희에게 이르는 말은 스스로 하는 것이 아니라 아버지께서 내 안에 계셔서 그의 일을 하시는 것이라

본문 6절의 내용을 보면 예수님께서는 자신이 곧 길이고 진리이고 생명이기 때문에 자신을 통하지 않고는 아무도 아버지(하나님)께로 올 수 없다고 직접 말씀하고 있습니다. 여기에서 '곧'이라는 표현은 진리, 생명, 길, 세 단어를 강조하며 '아버지께로 가다'로 연결되고 있습니다. 따라서 아버지께로 가는 바로 그 길, 그 진리, 그 생명은 오직 예수님 자신을 통하는 것 밖에는 없다는 것을 강조하여 말씀하신 것입니다. 즉, 구원을 얻는 길은 예수 그리스도를 믿는 것 외에는 없다는 것을 다시 한번 확인시켜 주고 있습니다.

따라서 예수님이 곧 하나님께로 가는 유일한 길이며 진리이며 생명이기 때문에 누구든지 구원을 받기 위해서는 하나님의 아들 예수 그리스도가 어떠한 존재인지 그리고 그분이 왜 이 땅에 오셨고 무슨 일을 하셨는지를 올바로 알고 믿어야 합니다. 이것이 바로 인간의 구원을 위해 하나님께서 정해 놓으신 핵심적 필수 요건이 되는 것입니다.

그런데 본문 7절에 보면 예수님께서는 그분을 아는 자는 아버지를 알았고 또 아버지를 보았다고 말씀하고 있습니다. 이 말을 들은 제자 빌립이 예수님에게 아버지를 보여 달라고 요구하고 있습니다(8절). 빌립의 반응은 어찌 보면 당연한 것처럼 보입니다. 그들은 하나님을 본 적이 없고 또 예수님은 자기네들과 똑같이 육신을 입고 함께 생활하며 지냈던 분임을 알고 있기 때문에 아버지를 보았다고 하신 예수님의 말씀을 그대로 받아들이기 어려웠을 것입니다.

이에 대해 예수님은 예수님 자신을 본 자가 아버지를 본 것이라고 말씀하시면서 자신이 바로 하나님 아버지와 동일한 존재라는 것을 말씀하셨습니다(9절). 그리고 그 근거에 대해 하나님께서 예수님 안에 거하시고 예수님은 하나님 안에 있기 때문이라고 말씀하셨습니다(10절).

본문에서 '거하다'라는 단어는 '늘 함께하다'라는 의미를 가지고 있습니다. 하나님은 육신을 가지고 있지 않은 영이시지만 예수님은 육신을 가지고 계셨습니다. 그러나 예수님은 하나님의 아들로서 하나님과 본질이 같고 하나님의 모든 권세를 가지고 계시며 생명을 가진 자이고 하나님 안에 거하고 또 하나님이 함께하시는 자이기 때문에 우리는 예수님을 육신을 입고 오신 하나님이라고 부르기도 합니다.

이 개념을 인간적인 상식으로 이해하기는 쉽지 않지만 여호와 하나님은 전능하신 창조주이시라는 것을 인정하고 믿으면 하나님의 말씀인 성경의 내용을 믿음으로 받아들일 수 있습니다. 마태복음 16장에도 예수님의 정체성에 대해 이야기하고 있는 내용을 확인할 수 있습니다.

> 마 16:13-17
>
> 13 예수께서 빌립보 가이사랴 지방에 이르러 제자들에게 물어 이르시되 사람들이 인자를 누구라 하느냐
>
> 14 이르되 더러는 세례 요한, 더러는 엘리야, 어떤 이는 예레미야나 선지자 중의 하나라 하나이다
>
> 15 이르시되 너희는 나를 누구라 하느냐
>
> 16 시몬 베드로가 대답하여 이르되 주는 그리스도시요 살아 계신 하나님의 아들이시니이다
>
> 17 예수께서 대답하여 이르시되 바요나 시몬아 네가 복이 있도다 이를 네게 알게 한 이는 혈육이 아니요 하늘에 계신 내 아버지시니라

본문의 내용은 예수님께서 제자들과 함께 복음을 전파하시며 다니는 중에 가이사랴 지방에서 제자들과 함께 나눈 대화 내용을 기록하고 있습니다. 예수님께서 활동하시던 당시에 예수님에 대해 이러저러한 이야기들이 있었던 상황에서 예수님께서 제자들에게 사람들이 자신을 어떠한 존재로 말하고 있는지 먼저 물어보았습니다.

제자들의 답변을 모두 듣고 나서 그렇다면 제자들은 예수님 자신에 대해 어떻게 생각하고 있는지 물어보셨습니다. 이 질문에 대해 "주는 그리스도시요 살아 계신 하나님의 아들이십니다"라는 베드로의 대답을 듣고 예수님은 그 대답을 인정하시고 자신이 바로 그리스도(구원자)이며 하나님의 아들이라는 사실을 다시 한번 확인시켜 주었습니다.

그런데 17절의 내용을 보면 예수님께서 베드로에게 대답하실 때 예수님 자신이 그리스도이며 하나님의 아들이라는 사실을 베드로가 알게 된 것은 인간적인 방법으로 된 것이 아니라 하나님께서 그렇게 해 주셨기 때문에 가능했다고 말씀하신 것을 볼 수 있습니다.

예수님의 이 말씀을 통해 우리는 그리스도인들이 구원을 받기 위해 알고 믿어야 할 핵심적인 내용 즉 예수님이 하나님의 아들이시며 그리스도(구원자)로서 인간을 구원하기 위해 이 땅에 오셨다는 그 사실을 알고 또 믿게 되는 것은 인간의 힘으로는 될 수 없으며 오직 하나님께서 알게 해 주실 때만 가능하다는 사실을 확인할 수 있습니다.

이 사실은 매우 중요한 내용을 포함하고 있습니다. 사람이 구원을 받는 것은 인간적인 방법으로는 절대 불가능하고 오직 하나님께서 택하신 자들에게 구원의 핵심 내용인 예수 그리스도의 존재와 정체성을 알 수 있도록 하나님께서 허락하실 때만 가능하다는 사실입니다. 따라서 구원을 얻는 것은 예수 그리스도를 믿는 길 외에는 없지만 이는 또한 하나님의 은혜가 아니면 불가능하다는 것을 말해 주고 있습니다.

이 모든 것은 구원과 생명의 모든 주권을 가지신 전능하신 창조주 하나님께서 그렇게 정하신 것입니다. 그러므로 하나님께서 정해 놓으신 그 길을 바꾸거나 무효화시키거나 그 길 외에 다른 길을 제시할 수 있는 존재는 이 세상에 아무도 없습니다.

혹 일부 사람들이 어떻게 구원에 이르는 길이 예수 믿는 것 한 가지만 있을 수 있겠는가라고 이의를 제기할 수도 있고, 또는 인간적으로 정직하고 착하게 살고 가난한 사람들 도와주면서 선한 일을 해도 천국에 갈 수 있다고 말할 수 있지만, 그것은 단지 그들이 그렇게 생각하고 있을 뿐이며 사실이 아닙니다. 왜냐하면, 하나님의 아들이신 예수님께서 오직 자신만이 하나님께 이르는 유일한 길이며 진리이며 생명이라고 말씀하셨기 때문입니다. 절대자이신 하나님께서 그리고 절대자와 본질이 같으신 예수 그리스도께서 말씀하신 것이면 그 말씀만이 진리가 되는 것입니다.

그러므로 예수 그리스도를 믿고 예수님의 말씀을 믿는 그리스도인들은 예수님을 '나의 주 예수 그리스도'라고 고백할 수 있는 것입니다. 그리고 예수님이 자신의 생명의 주인이며 삶의 주인이며 영혼의 주인이라는 것을 인정하고 그 주인의 뜻을 올바로 알고 그 뜻에 순종하며 살게 됩니다. 이것이 그리스도인들의 공통된 올바른 삶의 의미이며 목적이 되는 것입니다. 예수님을 통한 구원과 관련된 내용을 요한복음 3장에서 더 살펴보겠습니다.

> 요 3:16-18
> 16 하나님이 세상을 이처럼 사랑하사 독생자를 주셨으니 이는 그를 믿는 자마다 멸망하지 않고 영생을 얻게 하려 하심이라
> 17 하나님이 그 아들을 세상에 보내신 것은 세상을 심판하려 하심이 아니요 그로 말미암아 세상이 구원을 받게 하려 하심이라
> 18 그를 믿는 자는 심판을 받지 아니하는 것이요 믿지 아니하는 자는 하나님의 독생자의 이름을 믿지 아니하므로 벌써 심판을 받은 것이니라

본문의 내용을 요약하면 하나님의 아들이 이 세상에 오신 이유는 하나님께서 세상(여기에서는 세상에 거하는 사람을 의미함)을 매우 사랑하셔서 그들을 구원하기 원하셨고 그들을 구원하는 기준으로 자신의 독생자(유일한 아들)를 세상에 보내어 구원의 기준으로 삼기 위한 것이었습니다.

즉, 하나님께서 구원의 기준을 하나님의 아들이신 예수 그리스도를 믿는 것으로 정하였으며 그 기준에 따라 예수 그리스도를 믿는 자와 그렇지 않은 자로 구분하여 믿는 자는 구원하고 믿지 않는 자는 심판하신다는 것입니다.

이처럼 전능하신 하나님께서 예수 그리스도를 믿는 것을 이 세상 사람들의 구원과 심판을 위한 유일한 기준으로 세우셨기 때문에 예수 그리스도를 믿는 것이 구원의 유일한 길이며 유일한 통로가 되는 것입니다. 그러므로 예수님께서도 '나로 말미암지 않고는 아무도 아버지께로 올 수 없다'고 말씀하신 것입니다. 예수님이 세상 구원의 유일한 기준이 된다는 것은 다음의 두 성경 구절을 통해서도 확인할 수 있습니다.

요 3:35-36
35 아버지께서 아들을 사랑하사 만물을 다 그의 손에 주셨으니
36 아들을 믿는 자에게는 영생이 있고 아들에게 순종하지 아니하는 자는 영생을 보지 못하고 도리어 하나님의 진노가 그 위에 머물러 있느니라

요 17:2-3
2 아버지께서 아들에게 주신 사람에게 영생을 주게 하시려고 만민을 다스리는 권세를 아들에게 주셨음이로소이다
3 영생은 곧 유일하신 참 하나님과 그가 보내신 자 예수 그리스도를 아는 것이니이다

위 두 본문의 내용에 의하면 예수님이 세상 구원의 유일한 길이 될 수밖에 없는 이유는 전능하신 하나님께서 만물을 다

아들의 손에 주셨기 때문입니다. 절대자이신 창조주 하나님께서 자신이 창조한 만물에 대한 모든 권한을 자신의 아들이신 예수님에게 주셨고 또 영생을 얻기 위한 기준을 하나님의 아들이신 예수 그리스도의 존재와 정체성에 대한 믿음으로 정하셨습니다.

따라서 하나님께서 정해 놓으신 그 기준을 이 세상의 어떤 존재도 또 어떤 방법으로도 바꿀 수 없기 때문에 오직 예수 그리스도를 믿는 것만이 영생에 이르는 유일한 길이 되는 것입니다.

그런데 예수 그리스도를 믿는다는 것은 예수님이 이 세상에 계셨다는 사실만을 믿는 것이 아니라 예수님이 어떠한 존재인지를 정확하게 파악하여 알고 그분이 이 세상에 오셔서 하신 일이 무엇이며 그 하신 일이 하나님의 뜻대로 자신에게 올바르게 적용되었음을 또한 알고 믿는 것을 말합니다.

그렇다면 예수님께서 세상을 구원하시기 위해 하나님의 아들로 이 땅에 오셔서 하신 일에 대해 올바로 아는 것이 무엇보다 중요합니다.

2. 하나님의 아들을 통한 세상의 구원

일반적으로 교회에서 구원에 대해 이야기할 때는 대부분 인간이 이 세상을 살다가 죽음을 맞이하게 될 때 지옥에 가지 않고 천국에 가게 되는 것으로 생각하기 쉽습니다. 그러나 성경에서 말하는 '구원'이 의미하는 것은 사람들이 생각하는 일반적인 의미와는 다르게 나타나고 있습니다.

성경에서 말하는 구원은 영적 의미로 더 중요하게 사용되고 있으며 영적 의미의 구원은 영적 사망의 상태에서 영적 생명의 상태로 바뀌는 것을 의미합니다. 요한복음 5장에서 관련 구절을 확인해 보겠습니다.

> 요 5:24
>
> 내가 진실로 진실로 너희에게 이르노니 내 말을 듣고 또 나 보내신 이를 믿는 자는 영생을 얻었고 심판에 이르지 아니하나니 사망에서 생명으로 옮겼느니라

본문에서 예수님께서 말씀하신 바에 따르면 예수님의 말씀을 듣고 또 예수님을 이 땅에 보내신 하나님을 믿는 자는 영생(구원)을 얻게 되는데 이것은 곧 사망에서 생명으로 옮겨지는 것이라고 말씀하고 있습니다. 여기에서 사망과 생명은 영적 상태를 의미하며 구원받기 전 곧 믿음을 갖기 전의 상태를 영적 사망으로, 믿음을 통해 구원받은 후의 상태를 영적 생명(영생)으로 말하고 있습니다.

그러므로 영적 구원은 영적 사망의 상태에서 영적 생명의 상태로 옮겨지는 것을 의미하는 것입니다. 로마서 8장에서는

사망과 생명을 육신의 생각을 따르는 것과 영의 생각을 따르는 것으로 구분하여 설명하고 있습니다.

> **롬 8:5-6**
> ⁵ 육신을 따르는 자는 육신의 일을, 영을 따르는 자는 영의 일을 생각하나니
> ⁶ 육신의 생각은 사망이요 영의 생각은 생명과 평안이니라

본문에서 말하는 것은 하나님과 예수 그리스도를 믿지 않고 인간적인 생각을 가지고 있는 상태가 육신의 생각을 따르는 영적 사망의 상태이며, 반면에 영의 생각을 따라 영의 일(하나님과 예수 그리스도를 믿는 것)을 하고 있는 상태가 영적 생명의 상태라는 것입니다.

그런데 여기에서 말하는 영의 생각은 육신의 생각과는 다르기 때문에 이는 하나님께서 주시는 생각이라는 의미가 됩니다. 즉, 하나님께서 주시는 생각을 통해 하나님과 예수 그리스도를 믿을 수 있게 됨을 의미하고 있습니다.

따라서 구원은 믿음이 없는 상태에서 믿음이 있는 상태로 바뀌는 것을 의미한다는 것을 또한 알 수 있습니다. 로마서 6장에서는 구원(영생)을 죄로부터 해방되어 하나님의 종이 되는 것이라고 말하고 있습니다.

롬 6:22-23

22 그러나 이제는 너희가 죄로부터 해방되고 하나님께 종이 되어 거룩함에 이르는 열매를 맺었으니 그 마지막은 영생이라
23 죄의 삯은 사망이요 하나님의 은사는 그리스도 예수 우리 주 안에 있는 영생이니라

본문의 내용을 요약하면 죄로부터 해방되어 하나님의 종으로서 거룩함에 이르는 열매를 맺는 것이 영생인데 그렇게 말할 수 있는 근거는 죄의 대가는 사망이기 때문이라고 말하고 있습니다.

왜냐하면, 죄의 대가가 사망이면 죄로부터 해방되어 거룩한 상태가 되는 것은 사망의 반대인 생명이 되는 것이 맞기 때문입니다. 따라서 앞의 구절들에서 말하고 있는 내용들을 종합하여 다시 정리하면 하나님과 그 아들 예수 그리스도를 믿지 않고 육신의 생각을 따르며 지내는 것은 하나님 편에서 볼 때 죄가 되기 때문에 영적 죽음의 상태에 있는 것이고, 반면에 성경을 통해 전해지는 하나님의 진리의 말씀을 듣고 하나님과 그 아들 예수 그리스도를 올바로 알고 믿고 있는 것은 하나님 앞에 의로움이 되기 때문에 영적 생명의 상태에 있는 것입니다.

따라서 이상의 내용을 근거로 영적 구원에 대해 다시 정리해 보면 구원은 사망(육신의 생각, 죄, 믿지 않음, 불의)의 상태에서 생명(영의 생각, 믿음, 의)의 상태로 옮겨지는 것임을 알 수

있습니다.

그런데 영적 구원이 영적 불의의 상태에서 영적 의의 상태로 바뀌는 것을 의미한다면 이는 곧 구원받아야 할 대상이 죄(불의)의 상태에 있다는 것을 전제로 하는 것입니다. 따라서 성경에서 말하는 구원을 올바로 이해하기 위해서는 이 세상 인간들 중에 누가 불의의 상태에 있으며 어떻게 해서 불의에서 의의 상태로 전환될 수 있는지를 확인해 보아야 합니다. 에베소서 2장의 말씀을 보겠습니다.

엡 2:1-3

1 그는 허물과 죄로 죽었던 너희를 살리셨도다
2 그때에 너희는 그 가운데서 행하여 이 세상 풍조를 따르고 공중의 권세 잡은 자를 따랐으니 곧 지금 불순종의 아들들 가운데서 역사하는 영이라
3 전에는 우리도 다 그 가운데서 우리 육체의 욕심을 따라 지내며 육체와 마음의 원하는 것을 하여 다른 이들과 같이 본질상 진노의 자녀이었더니

본문의 내용을 보면 1절에 나오는 '너희'와 3절에 나오는 '우리'가 서로 대조되고 있음을 알 수 있습니다. 너희에 해당되는 에베소 교회 교인들(유대인이 아닌 이방인이었음)은 허물과 죄로 죽어 있었는데 그것은 하나님을 따르지 않고 이 세상 풍

조를 따르고 공중의 권세 잡은 자를 따랐기 때문이라고 말합니다(2절). 그리고 '우리'에 해당하는 유대인들도 전에는 그들과 다름없이 육체의 욕심을 따라 지내며 육체와 마음의 원하는 것을 하여 에베소 교인들과 마찬가지로 죄의 상태에 있었다고 말합니다(3절).

결과적으로 본문은 인간은 누구나 할 것 없이 모두 다 하나님 앞에 죄의 상태에 있다는 것을 나타내고 있으며 하나님 앞에 죄의 상태에 있는 모든 인간은 본질상 진노의 자녀라는 것을 말하고 있습니다(3절). 여기에서 '본질상'이라는 단어의 어원적 의미는 '원래부터 천성적으로 타고난'이라는 뜻을 가지고 있습니다.

따라서 본문의 내용에 의하면 구원받아야 할 대상은 모든 인간이 됩니다. 육신을 가지고 이 세상에 살고 있는 모든 인간은 하나님 편에서 보았을 때 하나님의 의에 절대 미치지 못하기 때문에 본질적으로 모두가 다 죄인이 되는 것입니다. 이사야 53장에서도 모든 인간은 다 그릇 행하여 죄의 상태에 있다고 말합니다.

사 53:6

우리는 다 양 같아서 그릇 행하여 각기 제 길로 갔거늘 여호와께서는 우리 모두의 죄악을 그에게 담당시키셨도다 본문에서 그릇 행하였다는 것은 올바로 행해야 할 길이 있는데 그 길로 가지 않고 다른 길로 갔다는 것을 의미하며 인간들 모두가 다 한 사람도 예외 없이 모두 다 그렇게 했다는 것입니다. 하나님께서 정해 놓으신 진리의 길이 있는데 그 길로 가지 않고 각자가 옳다고 생각하는 잘못된 길로 갔기 때문에 그것이 하나님에게는 죄가 되는 것입니다. 앞서 에베소서에서 말한 본질상 진노의 자녀에 해당하는 내용입니다. 로마서 3장에도 이와 관련된 내용을 확인해 볼 수 있습니다.

롬 3:9-12

9 그러면 어떠하냐 우리는 나으냐 결코 아니라 유대인이나 헬라인이나 다 죄 아래에 있다고 우리가 이미 선언하였느니라

10 기록된 바 의인은 없나니 하나도 없으며

11 깨닫는 자도 없고 하나님을 찾는 자도 없고

12 다 치우쳐 함께 무익하게 되고 선을 행하는 자는 없나니 하나도 없도다

본문 9절에서 유대인이나 헬라인이나 다 죄 아래에 있다고 한 것은 유대인과 헬라인을 예로 들어 모든 인간을 포함하는 의미로 말하고 있습니다. 즉, 이사야 53장에서 말한 바와 같이 인간들은 모두가 다 각기 제 길로 치우쳐 그릇 행하여 육신의 생각을 따라갔기 때문에 올바로 진리를 깨닫지 못하고 하

나님을 찾지도 않는 무익한 상태가 되었고 그 결과 어느 누구도 의에 이르지 못하는 불의의 상태에 있다는 것입니다.

그런데 이처럼 모든 인간이 죄인이라는 사실은 모든 인간이 영적 죽음의 상태에 있다는 것을 의미합니다. 로마서 5장의 말씀을 확인해 보겠습니다.

롬 5:12-13

12 그러므로 한 사람으로 말미암아 죄가 세상에 들어오고 죄로 말미암아 사망이 들어왔나니 이와 같이 모든 사람이 죄를 지었으므로 사망이 모든 사람에게 이르렀느니라

13 죄가 율법 있기 전에도 세상에 있었으나 율법이 없었을 때에는 죄를 죄로 여기지 아니하였느니라

본문 12절의 내용을 보면 한 사람으로 인해 죄가 세상에 들어왔고 그 죄로 인해 사망이 들어왔는데, 결과적으로는 모든 사람이 죄를 지었기 때문에 사망이 모든 사람에게 이르렀다고 말합니다. 여기에서 '한 사람'은 하나님의 말씀을 거역한 아담을 이야기하며 아담은 모든 인간의 대표성을 나타내고 있습니다.

따라서 아담의 후손인 모든 인간은 아담과 같이 본질적으로 죄인이며 죄의 대가인 사망의 상태에 있다는 것입니다. 즉, 육신을 입고 있는 이 세상 모든 사람은 본질적으로 사망의 상태

에 있다는 것을 말하고 있습니다. 그리고 그 사실은 율법을 통해 다시 한번 확인되고 있다는 것입니다.

그렇다면 이제 남은 문제는 인간이 구원을 얻기 위해서는 자신의 죄의 상태에서 벗어나야 하는데 죄인인 인간들이 자신의 죄에서 벗어나려면 자신이 죽는 길밖에 없습니다. 왜냐하면, 하나님의 율법에 의하면 죄의 삯은 사망이기 때문에 하나님 앞에서 지은 죄는 오직 피흘림으로써만 그 죄 값을 갚을 수 있기 때문입니다.

구약 시대의 유대인들은 사람들이 죄를 지으면 자신의 죄 문제를 해결하기 위해 율법에 제시된 대로 짐승을 잡아 자기 대신 피를 흘려 죽게 하는 대속의 제사를 드려서 이 문제를 해결하고자 했습니다. 그러나 히브리서 10장을 보면 이러한 방법으로는 인간의 죄를 온전히 깨끗하게 해결할 수 없다고 말합니다.

히 10:1-4

1 율법은 장차 올 좋은 일의 그림자일 뿐이요 참 형상이 아니므로 해마다 늘 드리는 같은 제사로는 나아오는 자들을 언제나 온전하게 할 수 없느니라

2 그렇지 아니하면 섬기는 자들이 단번에 정결하게 되어 다시 죄를 깨닫는 일이 없으리니 어찌 제사 드리는 일을 그치지 아니하였으리요

3 그러나 이 제사들에는 해마다 죄를 기억하게 하는 것이 있나니

4 이는 황소와 염소의 피가 능히 죄를 없이 하지 못함이라

본문 1절의 내용에 의하면 율법은 죄 문제의 완전한 해결을 위해 앞으로 제시될 좋은 일의 모형으로 제시된 것이므로 모형의 상태로는 죄를 온전하게 해결하기 어렵다는 것입니다. 인간이 지은 죄를 위해 대속물로 바쳐지는 짐승은 인간과 급이 다르기 때문에 인간의 죄를 온전하게 해결해 줄 수 없는 것입니다.

만일 짐승으로 드리는 제사가 죄를 완전히 해결할 수 있었다면 제사를 한 번만 드리면 되고 해마다 반복해서 드릴 필요가 없었겠지만 그렇지 못하기 때문에 해마다 제사를 드려야 했던 것입니다. 따라서 죄를 지을 때마다 일회성으로 제사를 드려야 하고 또 해마다 똑같은 제사를 드려야 하기 때문에 사람들은 율법의 제사를 드릴 때마다 오히려 아직도 자신이 죄인이라는 사실을 상기하게 될 뿐인 것입니다.

그렇다면 이 문제를 해결할 수 있는 방법은 인간이 지은 죄 값을 급이 같은 다른 인간의 죽음으로 대신하면 가능할 수도 있을 것입니다. 그러나 성경은 모든 인간이 다 본질적으로 타락한 죄인의 상태에 있다고 말하고 있기 때문에 어느 한 사람이 죄를 지었을 때 그 죄 값을 대신할 수 있는 다른 인간은 이 세상에 단 한 사람도 없는 것입니다. 왜냐하면, 죄인이 또 다른 죄인을 대신하여 죄 값을 치를 수 없기 때문입니다.

이 문제를 해결할 수 있는 또 다른 방법으로 죄 없는 인간을 이야기할 수도 있겠지만 위에서 말한 바와 같이 이 세상의 모든 인간은 다 본질적으로 죄인에 해당하기 때문에 그것 또한 가능하지 않습니다.

이제 남은 해결책은 모든 인간이 자신의 죄 값을 치르기 위해 모두 죽으면 됩니다. 그러나 그것은 인간을 향한 무한한 사랑을 가지신 하나님께서 원하시는 방법이 아닙니다. 그러므로 하나님께서는 이 문제를 해결하기 위해 한 가지 길을 제시하셨는데 그것은 바로 동정녀 마리아를 통해 성령으로 잉태하여 자신의 아들을 죄 없는 상태로 육신의 몸을 입고 이 땅에 보내시는 것이었습니다.

그래서 예수님께서 하나님의 아들로서 이 땅에 오셨고 하나님의 아들로서 이 땅에 오신 예수님은 하나님으로부터 이 세상의 모든 피조물을 대신할 수 있는 권세를 부여받으셨습니다. 예수님은 육신을 가지고 계시지만 하나님과 동등한 하나님의 아들이시므로 죄는 없으신 분입니다. 그리고 죄가 없으신 예수님께서 하나님께서 주신 그 권세를 가지고 모든 인간의 죄를 대신하여 십자가에 못 박혀 죽으셨습니다.

이처럼 예수님은 자신의 십자가 희생으로 말미암아 인간의 죄 문제를 모두 해결하셨습니다. 따라서 그 일로 인해 예수님께서 모든 인간의 구원자(그리스도)가 되신 것입니다. 이것은 창조주이신 절대자 하나님께서 계획하시고 완성하신 것이므로 그 내용은 변함이 없는 진리입니다.

이제 예수 그리스도와 예수 그리스도께서 하신 일을 믿는 자들은 자신의 죄 문제가 완전히 해결되었다는 것을 믿는 것입니다. 그리고 그 믿음을 통해 자신이 죄와 사망의 상태에서 죄가 없는 의와 생명의 상태로 바뀌게 되었다는 것을 또한 알고 믿는 것입니다.

본질적으로 죄인인 모든 인간은 자신들의 죄 문제를 스스로 해결할 길이 없었지만 인간을 사랑하신 하나님께서 인간으로부터 아무런 대가를 바라지 않고 값없이 그들을 죄로부터 해방시켜 주신 것입니다. 이것이 바로 하나님께서 인간들에게 베푸신 은혜입니다.

이제 남은 것은 하나님께서 예수 그리스도를 통해 이루어 놓으신 구원의 길과 그 본질적 내용을 올바로 깨달아 알고 자신에게 적용시켜 믿음으로 받아들이는 것만 남아 있습니다. 로마서 8장에도 예수 그리스도를 통한 구원의 근거에 대해 자세히 말해 주고 있습니다.

롬 8:1-6

1 그러므로 이제 그리스도 예수 안에 있는 자에게는 결코 정죄함이 없나니

2 이는 그리스도 예수 안에 있는 생명의 성령의 법이 죄와 사망의 법에서 너를 해방하였음이라

> 3 율법이 육신으로 말미암아 연약하여 할 수 없는 그것을 하나님은 하시나니 곧 죄로 말미암아 자기 아들을 죄 있는 육신의 모양으로 보내어 육신에 죄를 정하사
> 4 육신을 따르지 않고 그 영을 따라 행하는 우리에게 율법의 요구가 이루어지게 하려 하심이니라
> 5 육신을 따르는 자는 육신의 일을, 영을 따르는 자는 영의 일을 생각하나니
> 6 육신의 생각은 사망이요 영의 생각은 생명과 평안이니라

본문 1절의 내용을 보면 그리스도 예수 안에 있는 자에게는 결코 정죄함이 없다고 말하고 있습니다. 그리고 그 근거에 대해 2절에서 설명하고 있습니다. 그리스도 예수 안에 있는 자가 절대 정죄함을 받지 않는 이유는 그리스도 예수 안에 있는 생명의 성령의 법이 죄와 사망의 법에서 그들을 해방하였기 때문이라고 말합니다.

여기에서 그리스도 예수 안에 있다는 것은 예수 그리스도가 어떠한 존재인지 그리고 하나님께서 예수님을 통해 이루시고자 한 일이 무엇인지를 정확하게 알고 믿는 것을 말합니다. 그리고 '정죄함'에 해당하는 단어의 어원적 의미는 '확실한 근거를 바탕으로 죄가 있다고 판결하는 것'을 말합니다.

그러므로 죄와 사망의 법에 속해 있으면 정죄함을 받게 되지만 그리스도 예수 안에 있는 자들은 그리스도 예수 안에 있

는 생명의 성령의 법이 죄와 사망의 법에서 그들을 해방하였기 때문에 더 이상 정죄함을 받을 이유가 없는 것입니다.

그리스도 예수 안에 있는 자들이 어떻게 죄와 사망의 법에서 해방되게 되었는지에 대한 설명이 3절과 4절에 나와 있습니다. 여기에서 죄와 사망의 법은 죄를 지으면 반드시 피 흘림으로 죄 값을 치러야 한다는 구약의 율법을 의미합니다. 앞에서 살펴본 것처럼 육신적으로는 절대로 율법이 요구하는 바를 완전히 이룰 수 없습니다. 왜냐하면, 모든 인간은 본질적으로 죄인이고 인간이 지은 죄를 대신해 대속물로 바쳐지는 짐승은 인간의 죄를 온전히 해결하지 못하기 때문입니다.

그러나 하나님께서는 자신과 본질이 같으며 죄가 없는 자신의 아들을 죄인인 이 세상 인간과 동일한 육신을 가진 존재로 이 땅에 보내시고 그 아들에게 이 세상 모든 인간을 대신할 수 있는 권세를 부여하셨습니다. 그리고 하나님의 아들은 하나님께서 주신 그 권세를 가지고 이 세상의 모든 죄를 대신하여 죄 값으로 십자가에 못 박혀 죽으셨고 그 일로 인해 이 세상의 모든 죄 문제를 해결하신 것입니다.

인간과 동일한 육신을 가졌지만 죄는 없으신 존재가 인간이 지은 죄 값을 대신 치렀기 때문에 율법에서 정해 놓은 요구(죄의 삯은 사망)가 완전하게 이루어지게 된 것입니다.

따라서 인간이 지은 죄 값이 모두 치러졌기 때문에 이제는 인간을 정죄할 수 있는 근거가 모두 사라진 것입니다. 모든 죄 값을 치르고 죄가 없음의 상태가 되었기 때문에 하나님께서 인정하시는 의의 상태가 되는 것입니다. 그리고 예수님께서 한 번에 죄 값을 모두 치렀기 때문에 일사부재리의 원칙에 의거하여 더 이상 인간에게는 죄를 물을 수 없으며 이 효과는 영원히 지속되는 것입니다. 이것이 바로 그리스도 예수 안에 있는 자들이 어떻게 죄와 사망의 법에서 해방되게 되었는지를 잘 설명해 주고 있는 내용입니다.

그러나 세상에는 하나님께서 예수님을 통해 이루어 놓으신 이 사실을 듣고도 그 사실을 믿는 자와 믿지 않는 자가 있습니다. 이 복음의 소식을 듣고 자신에게 적용하여 믿고 받아들이는 자 다시 말하면 이천 년 전에 육신을 입고 이 땅에 오신 하나님의 아들 예수 그리스도께서 자신의 죄를 대신하여 십자가에 못 박혀 죽으심으로 자신의 죄 값을 대신 치루셨고 그렇기 때문에 자신은 더 이상 죄인이 아니라는 사실을 알고 믿고 받아들이는 자는 그리스도 예수 안에 있는 자이며 영을 따라 행하는 자로서 영의 일을 생각하는 자입니다.

그러한 자들에게는 하나님께서 죄 문제 해결을 위해 이루어 놓으신 그 사실이 그들에게 실제적으로 그리고 현실적으로 적용되어 율법의 요구가 이미 이루어진 것이므로 더 이상 정죄함을 받지 않게 됩니다. 따라서 그들은 더 이상 사망에 있지 않고 생명과 평안에 속해 있기 때문에 그들은 곧 구원을 받은 자가 되는 것입니다.

반면에 이러한 복음의 내용을 듣고도 그 사실을 믿지 않는 자들은 육신을 따르는 자들로서 아직도 죄와 사망의 법 아래에 있으므로 그들은 자신들의 죄 문제를 해결하지 못한 죄인의 상태로 영적 사망에 속해 있는 것입니다.

그러므로 "주 예수를 믿으라 그리하며 너와 네 집이 구원을 얻으리라"는 말씀이 성립되는 것입니다.

사람이 구원을 얻는 길은 오직 예수 그리스도께서 자신의 죄 문제를 해결하여 주신 하나님의 아들이라는 것과 죄 문제를 해결하기 위해 예수님께서 자기를 위하여 십자가에 대신 못 박혀 죽으셔서 자신의 죄 값이 치러졌고 따라서 자신은 더 이상 죄인이 아니라는 사실을 인정하고 믿는 것 외에는 없습니다.

이 모든 것은 우리를 사랑하신 하나님의 사랑에 의해 시작되고 완성된 것입니다. 우리가 스스로 행한 것이 아무것도 없지만 하나님께서 값없이 우리를 위해 베푸신 하나님의 은혜인 것입니다.

이제 우리는 육신의 생각을 따르는 다른 사람들과 같이 하지 않고 오직 성경에서 이야기하는 하나님의 약속의 말씀에 근거한 하나님의 법을 올바로 알고 올바로 믿고 올바로 따르는 그리스도 안에 있는 자들이 되어야 합니다. 하나님의 말씀과 하나님의 법을 올바로 알지 못하고 단지 자신의 세상적 필요를 채우기 위한 목적으로 교회에 나가는 종교인 '기독교인'이 아니라 예수 그리스도를 중심으로 한 이 복음의 말씀을 올바로 깨달아 알고 믿고 그 믿음에 있어 흔들리지 않는 구원의 확신을 가진 올바른 신앙인, 그리스도의 사람 곧 '그리스도인'이 되어야 합니다.

3장

믿으라

 앞장에서는 하나님의 아들 예수 그리스도가 어떠한 존재인지 그분이 이 세상에 오셔서 하신 일이 어떤 의미인지를 확인하였습니다. 그리고 사람이 구원을 얻는 것은 예수 그리스도의 존재와 정체성을 올바로 알고 믿으며 또한 예수 그리스도께서 하신 일이 자신에게 직접 적용되어 그 일의 효과가 자신에게 현재 미치고 있음을 인정하고 믿는 것이라고 하였습니다.
 즉, 성경에서 말하는 모든 구원의 핵심은 '믿음'을 통해서입니다. 그렇다면 우리는 성경에서 말하는 '믿는다'라는 것이 무엇을 의미하는지 그리고 우리는 과연 그 믿음을 가지고 있는지 확인해 보아야 합니다.
 사람들이 자신은 예수님을 믿는다고 얼마든지 자기의 신념을 따라 말할 수 있지만 그가 말하는 믿음이 성경에서 말하는 믿음의 본질과 같은 것인지 아닌지는 확인하기 어렵습니다. 입으로는 믿는다고 말할 수 있지만 그 믿음이 성경에서 말하는 믿음과는 다르게 중심에서부터 예수 그리스도를 온전히 믿지 않는 경우도 얼마든지 있을 수 있습니다.

따라서 진정한 의미의 그리스도인이 되기 위해서는 성경에서 말하는 믿음의 본질 즉 하나님께서 인정하시는 구원을 받을 만한 믿음이 어떠한 것인지, 그리고 어떻게 하는 것이 올바른 믿음을 갖는 것인지 확인해 보고 그 믿음을 따라야 합니다.

앞장에서 살펴본 "주 예수를 믿으라 그리하면 너와 네 집이 구원을 얻으리라"라는 성경 말씀에 내포되어 있는 의미를 다시 확인해 보면 구원에 이르는 길은 오직 예수 믿는 것밖에는 없으며 그렇기 때문에 예수 그리스도를 믿으면 당연히 구원을 받게 되고 예수 그리스도를 믿지 않으면 또한 당연히 구원을 받지 못한다는 것을 의미합니다.

그런데 이 말씀을 단지 문자적 표현대로만 이해하는 경우 누군가 '나는 예수를 믿겠다'라고 결정하고 믿으면 믿음을 선택한 그 사람은 구원을 받게 되고, 반면에 '나는 예수를 믿지 않겠다'라고 결정하여 믿지 않으면 그 사람은 구원을 받지 못하는 결과를 낳게 됩니다. 이 논리에 따르면 인간의 구원을 결정하는 것이 인간의 선택에 의해 좌우되는 것처럼 보입니다. 그러나 그러한 결론은 성경에서 말하는 믿음의 본질에 비추어 볼 때 큰 오류를 가지고 있습니다.

만약이라는 가정이기는 하지만 인간의 구원이 인간의 선택에 따라 결정된다고 할 때 만일 이 세상 사람들 중에 아무도 예수님을 믿겠다고 하지 않으면 이 세상에는 구원받을 사람이

한 사람도 없게 되고 이천 년 전 예수님의 십자가 희생은 무의미한 일이 되어 버립니다. 하나님께서 세상을 사랑하셔서 세상 인간들을 구원하시려고 자신의 아들을 세상에 보내셨고 또 그 아들은 인간들의 죄를 대신하여 십자가에서 희생당하기까지 하셨는데 아무도 그를 믿지 않으면 하나님께서 하신 모든 일이 헛된 일이 되어 버리는 것입니다.

그러나 창조주이시며 만물의 주인이신 절대자 하나님과 하나님의 피조물인 인간의 관계에서 그럴 수는 없습니다. 그러므로 믿음 혹은 믿지 않음의 결정권이 인간에게 있어서는 안 되는 것입니다. 관련된 내용을 로마서 1장에서 확인해 보겠습니다.

> 롬 1:16
> 내가 복음을 부끄러워하지 아니하노니 이 복음은 모든 믿는 자에게 구원을 주시는 하나님의 능력이 됨이라 먼저는 유대인에게요 그리고 헬라인에게로다

본문의 내용을 요약하면 구원은 하나님께서 자신의 능력으로 모든 믿는 자에게 주시는 것이라고 말하고 있습니다. 구원이 하나님께서 주시는 것이라면 구원의 필수 전제 조건이 되는 믿음도 하나님께서 주셔야만 되는 것입니다. 구원의 주체가 하나님이듯이 믿음의 주체도 하나님이 되어야 하는 것입니

다. 따라서 성경에서 말하는 믿음의 개념을 정확히 아는 것은 매우 중요합니다.

지금부터는 성경에서 말하는 믿음의 정의와 본질에 대해 살펴보겠습니다. 성경에서 믿음이라는 단어가 처음 사용된 것은 창세기 15장 6절입니다.

> 창 15:6
> 아브람이 여호와를 믿으니 여호와께서 이를 그의 의로 여기시고

본문의 내용은 나이 늦도록 자식이 없었던 아브라함에게 하나님께서 아들을 주시겠다고 약속하신 것을 아브라함이 믿었다는 내용을 기록하고 있습니다. 여기에 처음으로 사용된 '믿으니'에 해당하는 히브리어는 '아만'이라는 단어가 사용되고 있습니다. 따라서 성경에서 말하는 믿음을 이해하기 위해 먼저 '아만'이 가지고 있는 의미를 살펴보는 것이 필요합니다.

히브리어 '아만'의 의미를 확인하기 위해 동일한 의미를 나타내는 헬라어 단어 '피스티스'에 대해 먼저 알아보겠습니다. 이 단어의 어원적 의미를 살펴보면 누군가로 하여금 설득하여 어떤 것을 하게 한다는 의미를 가지고 있습니다. 즉, 믿음이라는 단어에는 믿음은 자신이 스스로 갖는 것이 아니라 누군가에 의해 갖도록 만들어진다는 의미가 포함되어 있습니다.

따라서 성경에 사용된 '믿음'이라는 단어의 의미에는 히브리어와 헬라어 모두 하나님이 관련되어 있으며 하나님의 주관적 간섭이 개입되어 있음을 알 수 있습니다. 앞서 로마서 1장에서 살펴본 바와 같이 구원은 하나님께서 자신의 능력으로 믿는 자들에게 주시는 것이기 때문에 구원의 필수 전제 조건이 되는 믿음도 또한 하나님께서 주셔야만 되는 것이라는 사실을 인정할 수 있습니다. 구원의 주체가 하나님이듯이 믿음의 주체도 하나님이라는 것을 알 수 있습니다.

이처럼 성경에서 말하는 믿음은 하나님께서 인간들에게 주시는 것이고 구원(영생)과 직접적으로 관련되어 있습니다. 따라서 이 믿음은 일시적 사건으로 그쳐서는 안 되고 지속적으로 유지되어야 합니다. 그리고 믿음을 가진 자들은 자신이 믿은 믿음의 대상과 특별한 관계가 형성되고 그 형성된 관계 위에서 믿음을 따라 특별한 반응(행동)이 뒤따라야 합니다. 믿음의 주체에 대해 히브리서 12장에서 말하고 있는 내용을 살펴보겠습니다.

> 히 12:2
> 믿음의 주요 또 온전하게 하시는 이인 예수를 바라보자 그는 그 앞에 있는 기쁨을 위하여 십자가를 참으사 부끄러움을 개의치 아니하시더니 하나님 보좌 우편에 앉으셨느니라

본문의 내용이 말하고자 하는 것은 예수님이 바로 믿음의 주이며 온전하게 하시는 자라는 사실입니다. 이 내용을 올바로 이해하기 위해서는 내용의 핵심이 되는 두 단어 '주'와 '온전하게 하다'를 주목해 보아야 합니다.

먼저 '주'에 해당하는 단어의 어원적 의미는 '처음 시작하여 인도하는 자'라는 의미를 나타냅니다. 일반적으로 책을 출간할 때 그 책의 지은이(주저자)와 같은 의미로 이해할 수 있습니다. 즉, 어떤 일을 처음 기획하고 준비하여 시작하고 또 진행해 나가는 자라는 의미입니다. 두 번째 단어 '온전하게 하다'는 '완성하다, 완전하게 하다, 끝내다'라는 의미를 가지고 있습니다.

두 단어의 의미를 따라 본문의 내용을 다시 정리하면 우리의 믿음을 처음 시작하고 인도하여 최종적으로 완성시키는 자가 곧 예수 그리스도라는 것입니다. 다시 말하면, 믿음은 전적으로 예수 그리스도에 의해 주어지고 완성되어진다는 의미입니다. 로마서 12장에는 믿음을 하나님께서 나누어 주셨다고 말하고 있습니다.

롬 12:3
내게 주신 은혜로 말미암아 너희 각 사람에게 말하노니 마땅히 생각할 그 이상의 생각을 품지 말고 오직 하나님께서 각 사람에게 나누어 주신 믿음의 분량대로 지혜롭게 생각하라 본문에서 말하고 있는 것처럼 믿음은 하나님께서 믿음을 주시기를 원하는 각 사람에게 예수 그리스도를 통해 필요한 대로 나누어 주시는 것입니다. 예수님은 하나님의 아들로 이 땅에 오셔서 죄인인 이 세상 인간들을 대신하여 십자가에서 희생당하심으로 인간의 죄 값을 대신 치르신 세상의 구원자이십니다. 동시에 하나님께서 구원하시기로 정하신 자들에게 자신을 이 땅에 보내신 하나님과 자신의 십자가 희생의 의미를 올바로 알고 올바로 믿도록 처음부터 시작하여 완성시키시는 분입니다.

따라서 앞서 히브리서 12장에서 말하고 있는 것처럼 우리는 오직 예수 그리스도만을 바라보아야 합니다. 여기에서 '바라보다'는 오직 한 대상에게만 집중한다는 의미입니다.

예수 그리스도께서 나의 삶의 주, 생명의 주, 믿음의 주 곧 영혼의 주이시라는 것을 알기 때문에 우리는 세상 것들에 마음을 빼앗기지 말고 세상 것들을 의지하지 말고 오직 예수 그리스도만을 믿고 의지하며 나아가야 합니다. 그리고 내 모든 것의 주인이신 그분이 기뻐하시는 뜻이 어디에 있는지 성경 말씀을 통하여 확인하고 분별하여 그 뜻에 순종하며 나아가는 자들이 되어야 합니다.

그것이 곧 믿음의 주요 온전하게 하시는 이인 예수를 바라보는 것이며 하나님께서 각 사람에게 나누어 주신 믿음을 따라 사는 것입니다.

믿음을 하나님께서 각 사람에게 나누어 주신다면 하나님께서 어떠한 방법을 통해 사람들에게 믿음을 갖게 하는지 확인해 보는 것이 필요합니다. 요한복음 6장과 17장에서 믿음과 관련된 내용들을 확인해 보겠습니다.

> 요 6:40
> 내 아버지의 뜻은 아들을 보고 믿는 자마다 영생을 얻는 이 것이니 마지막 날에 내가 이를 다시 살리리라 하시니라

> 요 17:3
> 영생은 곧 유일하신 하나님과 그가 보내신 자 예수 그리스도를 아는 것이니이다

위 두 본문의 내용을 종합해 보면 영생 곧 구원을 받기 위해서는 하나님과 그의 아들 예수 그리스도를 보고 믿어야 하며 또 알아야 한다는 것을 알 수 있습니다. 이 내용에서 믿음과 관련되어 핵심적 역할을 하는 단어는 6장에 사용된 '보다'와 17장에 사용된 '알다'입니다.

먼저 '보다'는 단지 눈으로 보는 것이 아니라 대상을 보고 구별하여 인식하는 것을 의미하고, '알다'는 어떤 사실이나 대상에 대해 구체적이고 객관적이고 체험적으로 그 대상의 본질적인 의미와 내용들을 정확하게 개인적으로 파악하고 이해

하는 것을 의미합니다. 특히, '알다'에 해당하는 헬라어 단어 '기노스코'는 성경의 복음적 내용들을 이해하는 데 있어 매우 중요한 단어 중 하나입니다.

이 단어가 갖는 의미를 이해하기 위해 한 가지 예를 들어 보겠습니다. 이제 겨우 돌을 지나서 한참 말을 배우기 시작하는 어린아이와 그 아이의 아빠가 있습니다. 추운 겨울 집 안에는 난로가 피워져 있고 어린아이는 호기심에서 난로 있는 곳으로 다가가며 손으로 난로를 만지려고 합니다. 그때 옆에 있던 아이의 아빠가 아이를 보고 말합니다.

"아가야, 그거 만지면 안돼. 뜨거워."

그런데 아이는 '뜨거워'라는 말은 들었지만 뜨겁다는 말이 무슨 뜻인지 아직 이해하지 못하기 때문에 계속해서 난로를 만지려고 합니다. 그때 아빠가 아이에게 말합니다.

"아가야 이리와 봐. 아빠가 뜨거운 게 뭔지 알려 줄게."

그리고는 난로 옆에 따뜻하게 데워져 있던 커피포트에 아이의 손을 살짝 대어 보게 합니다. 따뜻한 커피포트에 손을 대는 순간 아이는 소스라치게 놀라며 손을 떼어 냅니다. 그때 아빠가 말합니다.

"거봐 뜨겁지?"

그러면 아이는 그때 비로소 뜨겁다는 것이 어떤 의미인지를 깨달아 알게 됩니다. 그리고 다음부터는 뜨겁다는 말을 들으면 어떤 물건이든지 절대로 손을 대지 않게 됩니다. 이 아이처럼 어떤 사실을 객관적이며 구체적으로 자기의 실체적 경험을 통해 자세히 깨달아 알게 되는 것을 '기노스코'라고 합니다.

이처럼 올바른 믿음은 믿음의 대상을 객관적이고 구체적으로 그리고 본질적으로 올바로 깨달아 알고 자신이 깨달아 알게 된 그 사실을 자기에게 실제적으로 적용시킬 수 있을 때 가능한 것입니다. 믿음의 대상을 잘 알지 못하면서 그 대상을 올바로 믿을 수 없습니다. 제대로 정확하게 알지 못하는 대상을 믿는다고 말할 수는 있지만 그것은 잘못된 내용을 믿는 것이기 때문에 올바른 믿음이 아닙니다.

일반적으로 말하는 이단들이 좋은 예입니다. 그들은 믿어야 할 대상을 올바로 정하지 못하고 또 잘못 알고 있기 때문에 성경에서 이야기하는 본질과는 다른 길을 가고 있는 것입니다. 그들은 하나님을 믿는다고 하면서도 하나님께서 정해 놓으신 구원의 유일한 길인 예수 그리스도를 올바로 알지 못하고 또 올바로 믿지 않기 때문에 구원과는 상관없는 길을 가고 있는 것입니다.

그런데 위에서 살펴본 바에 따르면 구원을 얻기 위해서는 믿음이 있어야 하고 믿기 위해서는 올바로 알아야 하는데 그렇다면 올바로 아는 것 또한 우리가 할 수 있는 것이 아니라 하나님께서 허락하셔야 되는 것이 맞습니다. 요한일서 5장에서 관련 구절을 확인해 보겠습니다.

요일 5:20

또 아는 것은 하나님의 아들이 이르러 우리에게 지각을 주사 우리로 참된 자를 알게 하신 것과 또한 우리가 참된 자 곧 그의 아들 예수 그리스도 안에 있는 것이니 그는 참 하나님이시요 영생이시라

    본문의 내용에 의하면 우리가 참된 자 곧 하나님의 아들 예수 그리스도를 알게 된 것은 하나님의 아들이 이르러 우리에게 지각을 주셨기 때문이라고 말하고 있습니다.

    여기에서 '이르러'는 '최종 목적지에 와서'라는 의미를 나타냅니다. 즉, 예수님께서 어떤 목적을 가지고 최종적으로 이 세상에 오셨다는 것을 의미합니다. 그리고 '우리'는 구원받은 성도들을 의미하고 '지각'은 '완전하고 확실하게 이해함'이라는 의미를 가지고 있습니다.

    따라서 본문의 내용을 다시 정리해 보면 하나님께 구원을 받게 되는 자들은 하나님(하나님의 아들)께서 직접 하나님과 예수 그리스도를 알 수 있는 지각을 그들에게 주셔서 비로소 그들이 올바로 알게 되고 또 올바로 믿게 되었다는 것을 말합니다. 즉, 하나님께서 주시는 올바른 믿음은 하나님께서 주시는 올바른 지각을 통해 이루어지는 것입니다.

    전능하신 여호와 하나님에 대한 믿음을 가진 자들은 하나님께서 약속하신 일들에 대해 확신을 가지고 살아갈 수 있습니다. 하나님께서 주신 믿음을 통해 우리는 창조주 하나님을 눈

으로 보지는 못하지만 온 만물이 창조되었다는 것과 창조주 하나님은 반드시 계신다는 것을 확신할 수 있습니다.

또한, 여호와 하나님의 전능하심을 믿기 때문에 하나님께서 성경을 통해 말씀하시는 복음의 내용 곧 예수 그리스도와 그분을 통해 하나님께서 이루시고자 하는 일들 즉 하나님께서 약속하신 구원, 영생, 천국 등에 대한 모든 말씀이 하나님께서 말씀하신 대로 이루어질 것이라는 것을 인정하고 믿음으로 받아들일 수 있습니다.

그리고 전능하신 하나님의 아들 예수 그리스도는 나의 주인이시므로 이 세상 끝 날까지 나를 지키시며 보호하시고 이끌어 주실 것이라는 사실을 믿기 때문에 어떠한 상황에도 두려워하거나 흔들리지 않고 담대하게 세상과 싸워 승리하며 나아갈 수 있습니다.

이 모든 것이 오직 믿음을 통해 이루어지기 때문에 우리는 하나님께 온전한 믿음 주시기를 항상 기도해야 합니다. 우리 스스로를 위해 또 우리 주변에 믿음을 갖기를 바라는 가족과 친구들을 위해 하나님께서 하나님과 예수 그리스도가 어떠한 존재인지를 올바로 깨달아 알 수 있는 지혜(지각)를 주셔서 그 지각을 통해 올바른 믿음을 가질 수 있게 되기를 하나님께 구해야 합니다. 주 예수를 믿는 자는 누구든지 구원을 받을 수 있습니다.

4장

구원을 받으리라

　지금까지 우리는 창조주 하나님과 하나님의 아들 예수 그리스도가 어떤 존재인지 확인하였고 예수 그리스도를 믿는다는 것이 어떠한 것인지 살펴보았습니다. 이제는 예수 그리스도를 믿으면 구원을 받으리라고 하신 말씀에서 '구원'에 관하여 살펴보도록 하겠습니다.

　교회에서 '구원'이라는 말을 많이 쓰지만 일반적으로는 사람이 세상을 살다가 육신의 죽음을 맞게 될 때 죽음 다음 맞이하게 되는 또 다른 삶 정도로 이해하는 경우가 많습니다. 그런데 성경에서는 '구원받음'과 '영생얻음'이 같은 의미로 사용되고 있기 때문에 구원을 받았다는 것은 곧 영생을 가지고 있다는 것과 같은 의미를 나타내게 됩니다.

　그런데 성경에서 말하는 영생은 단지 우리의 육신이 죽은 다음 그 이후의 삶만을 이야기하는 것이 아니기 때문에 성경에서 말하는 구원 또한 육신을 입고 세상을 살아가고 있는 동안에도 적용될 수 있는 개념이라는 것을 알 수 있습니다.

따라서 그리스도인이라면 성경에서 말하는 구원받음의 의미를 정확하게 파악하여 알고 있어야 합니다. 왜냐하면, 구원의 확신을 가진 자와 그렇지 못한 자들은 세상을 대하는 마음과 삶의 자세가 크게 다를 수 있기 때문입니다.

구약성경에서 '구원하다'라는 의미는 크게 세 가지로 다르게 사용되고 있습니다. 첫 번째는 실질적인 위협이나 위험으로부터 구해 내는 것을 의미하고 두 번째는 육적 생명을 살리는 것을 의미하며 세 번째는 영적 의미의 구원을 나타내고 있습니다.

세 번째의 경우에 해당하는 구원은 '예수와'라는 히브리어 단어가 사용됩니다. 그런데 '예수와'는 여호와를 의미하는 '야웨'와 '구원하다'라는 의미를 나타내는 '야샤'가 합쳐진 합성어로서 '여호와의 구원' 혹은 '여호와께서 구원하시다'라는 의미를 나타냅니다.

또한, 성경에서 이 단어가 사용될 때는 항상 여호와와 관련된 내용으로 사용되고 있기 때문에 영적 의미의 구원에서 구원의 주체가 여호와라는 것을 말해 주고 있습니다. 따라서 그리스도인들이 관심을 가져야 하는 구원은 영적 의미의 구원 즉 영혼의 구원에 관한 것이어야 합니다.

그런데 우리는 이미 이 책의 두 번째 장(하나님의 아들 예수)에서 성경에서 말하는 영적 의미의 구원에 대해 살펴본 적이 있습니다. 즉, 영적 의미에서 구원은 구원받기 전 영적 사망의 상태에서 구원받은 후 영적 생명(영생)의 상태로 바뀌는 것을 의미한다고 하였습니다. 그리고 영적 사망은 하나님과 그의 아들 예수 그리스도에 대한 믿음을 갖기 전의 죄의 상태를 말하며 영적 생명은 믿음을 가지고 있는 상태 즉 믿음을 통해 구원받은 상태를 말한다고 하였습니다. 성경에서는 이러한 믿음의 상태를 '의'라고 말하고 있으며 믿지 않는 상태를 '불의'라고 말하고 있습니다.

따라서 '구원을 받으리라'는 표현은 하나님과 예수 그리스도에 대한 믿음을 갖게 된다는 것을 의미하는 것입니다. 그래서 성경에서는 "주 예수를 믿으라 그리하면 구원을 받으리라"라고 말씀하고 있는 것입니다.

이처럼 성경에서 말하는 구원은 필연적으로 믿음과 연결되며 믿음은 또한 의와 필연적으로 연결되어 있습니다. 구원에 연결되는 믿음과 의의 관계에 대해 창세기 15장에 나타나는 아브라함의 예를 통해 확인해 보겠습니다.

> 창 15:4-6
> 4 여호와의 말씀이 그에게 임하여 이르시되 그 사람이 네 상속자가 아니라 네 몸에서 날 자가 네 상속자가 되리라 하시고
> 5 그를 이끌고 밖으로 나가 이르시되 하늘을 우러러 뭇별을 셀 수 있나 보라 또 그에게 이르시되 네 자손이 이와 같으리라
> 6 아브람이 여호와를 믿으니 여호와께서 이를 그의 의로 여기시고

본문 6절의 내용을 보면 하나님께서 아브라함에게 말씀하신 것을 아브라함이 믿었는데 이것을 의롭다고 여겨 주신 분은 하나님이었습니다. 즉, 아브라함이 여호와를 믿었는데 하나님께서 그것을 의롭다고 여겨 주셔서 아브라함을 의인이 되게 해 주신 것입니다. 믿음으로 의롭게 된다는 사실은 로마서 3장에서도 자세히 설명하고 있습니다.

롬 3:19-28

19 우리가 알거니와 무릇 율법이 말하는 바는 율법 아래에 있는 자들에게 말하는 것이니 이는 모든 입을 막고 온 세상으로 하나님의 심판 아래에 있게 하려 함이라

20 그러므로 율법의 행위로 그의 앞에 의롭다 하심을 얻을 육체가 없나니 율법으로는 죄를 깨달음이니라

21 이제는 율법 외에 하나님의 한 의가 나타났으니 율법과 선지자들에게 증거를 받은 것이라

22 곧 예수 그리스도를 믿음으로 말미암아 모든 믿는 자에게 미치는 하나님의 의니 차별이 없느니라

23 모든 사람이 죄를 범하였으매 하나님의 영광에 이르지 못하더니

24 그리스도 예수 안에 있는 속량으로 말미암아 하나님의 은혜로 값없이 의롭다 하심을 얻은 자 되었느니라

25 이 예수를 하나님이 그의 피로써 믿음으로 말미암는 화목제물로 세우셨으니 이는 하나님께서 길이 참으시는 중에 전에 지은 죄를

> 간과하심으로 자기의 의로우심을 나타내려 하심이니
> 26 곧 이때에 자기의 의로우심을 나타내사 자기도 의로우시며 또한 예수 믿는 자를 의롭다 하려 하심이라
> 27 그런즉 자랑할 데가 어디냐 있을 수가 없느니라 무슨 법으로냐 행위로냐 아니라 오직 믿음의 법으로니라
> 28 그러므로 사람이 의롭다 하심을 얻는 것은 율법의 행위에 있지 않고 믿음으로 되는 줄 우리가 인정하노라

본문 20절에 보면 율법의 행위로 하나님 앞에 의롭다 하심을 얻을 육체가 없으며 율법은 단지 죄를 깨닫게 해 줄 뿐이라고 말합니다. 왜냐하면, 의의 기준은 전적으로 하나님께 있고 그 기준에 비추어 볼 때 모든 인간은 본성적으로 불의의 상태에 있으나 인간의 율법적 행위로는 하나님께서 인정하시는 의의 기준에 미치지 못하기 때문입니다. 이는 곧 인간적인 방법으로는 어느 누구도 하나님께서 인정하시는 의의 상태가 될 수 없다는 것을 말해 주고 있습니다.

그런데 하나님께서는 불의한 인간들이 의롭게 될 수 있는 한 가지 길을 마련하셨는데 그것은 바로 하나님의 아들 예수 그리스도를 이 땅에 보내어 인간들의 죄를 대속하게 하시고 그것으로 율법의 요구를 이루게 하신 뒤 그 사실을 믿는 자를 하나님께서 의롭다고 칭해 주시는 것이었습니다(21-22절).

다시 말하면, 모든 사람은 본질적으로 불의의 상태에 있어서 하나님 앞에 설 수 없었지만 하나님께서 자신의 아들 예수 그리스도를 이 땅에 보내어 십자가에 못 박혀 죽게 하시고 그 죽음으로 사람들의 죄 값을 대신 치르게 하신 뒤 이 사실을 믿는 자들을 하나님께서 아무런 대가도 요구하지 않으시고 그냥 값없이 의롭다고 칭해 주시는 것입니다. 아무런 대가 없이 하나님께서 일방적으로 베푸신 것이기 때문에 그것이 곧 하나님의 은혜가 되는 것입니다(23-26절).

그러므로 이제 우리들은 사람이 의롭게 되는 것은 인간적 행위나 그 어떤 것으로도 가능하지 않으며 오직 하나님의 은혜를 따라 그들이 갖게 되는 믿음을 통해서만 가능하다는 것을 인정할 수밖에 없는 것입니다(27-28절).

그렇다면 이제 하나님과 예수 그리스도를 믿는 자들은 처음 그들의 본성적인 불의(사망)의 상태에서 하나님의 은혜로 하나님에 의해 믿음을 갖게 되고 또한 하나님께서 의롭다고 인정해 주시는 의의 상태로 바뀌게 된 것입니다. 곧 구원을 받은 것입니다. 이 사실은 에베소서 2장과 베드로전서 1장에서도 확인해 볼 수 있습니다.

엡 2:8-9

8 너희는 그 은혜에 의하여 믿음으로 말미암아 구원을 받았으니 이것은 너희에게서 난 것이 아니요 하나님의 선물이라

9 행위에서 난 것이 아니니 이는 누구든지 자랑하지 못하게 함이라

벧전 1:8-9

8 예수를 너희가 보지 못하였으나 사랑하는도다 이제도 보지 못하나 믿고 말할 수 없는 영광스러운 즐거움으로 기뻐하니

9 믿음의 결국 곧 영혼의 구원을 받음이라

위 두 본문의 내용을 종합해 보면 우리가 예수 그리스도를 직접 보지는 못했지만 하나님께서 허락하신 믿음을 통해 예수 그리스도와 그분의 희생의 의미를 알고 믿게 되어 하나님의 은혜로 구원을 받았는데 그 구원은 곧 영혼의 구원이라는 것입니다.

그런데 에베소서 본문에서 '구원을 받았으니'에 해당하는 문장의 시제가 현재 완료형으로 되어 있습니다. 따라서 시제에 따라 본문의 내용을 다시 이해하면 예수 그리스도를 믿는 자들은 하나님께서 주신 믿음에 의해 이미 구원을 받았다는 것을 말하고 있습니다. 앞으로 구원을 받게 될 것이 아니라 이미 구원을 받았다는 것입니다.

또한, 베드로전서에 쓰인 '구원을 받음이라'에서 '받다'는 가지고 있다, 돌려받다, 소유권을 회복하다 등의 의미를 나타내는데 이 또한 시제는 현재형으로 되어 있습니다. 즉, 예수 그리스도를 믿는 자들은 그 믿음의 결과로 영혼의 구원을 하

나님께로부터 받아 현재 가지고 있다는 것입니다. 다시 말하면, 현재 영생을 가지고 있다는 것입니다.

성경에서 말하는 구원은 사망에서 생명으로 옮겨지는 것이며 사망은 믿음이 없음이고 생명은 믿음이 있음을 의미한다는 것을 생각해 보면 믿음을 가진 자가 이미 생명(영생)을 가지고 있다는 것 즉 구원을 이미 받았다는 것으로 이해하는 데 어려움이 없습니다.

이는 우리가 일반적으로 알고 있는 것처럼 '예수 그리스도를 믿으면 앞으로 살다가 죽게 될 때 그때 구원을 받을 것이고 영생을 얻게 될 것이다'라는 개념과는 크게 다른 것입니다. 영적 구원과 관련된 내용을 요한복음 3장에서도 확인할 수 있습니다.

> 요 3:14-16, 35-36
>
> 14 모세가 광야에서 뱀을 든 것 같이 인자도 들려야 하리니
>
> 15 이는 그를 믿는 자마다 영생을 얻게 하려 하심이니라
>
> 16 하나님이 세상을 이처럼 사랑하사 독생자를 주셨으니 이는 그를 믿는 자마다 멸망하지 않고 영생을 얻게 하려 하심이라
>
> …
>
> 35 아버지께서 아들을 사랑하사 만물을 다 그의 손에 주셨으니
>
> 36 아들을 믿는 자에게는 영생이 있고 아들에게 순종하지 아니하는 자는 영생을 보지 못하고 도리어 하나님의 진노가 그 위에 머물러 있느니라

본문 14-16절의 내용은 예수님의 십자가 희생과 그를 믿는 자들이 얻게 되는 영생에 대해 말하고 있는데 15절과 16절에 반복되어 나오는 "영생을 얻게 하려 하심이라"에서 '얻다'는 '가지고 있다' 혹은 '소유하다' 등의 의미를 나타내며 시제는 현재형으로 되어 있습니다. 따라서 예수 그리스도를 믿는 자들은 현재 영생을 가지고 있다는 것을 말하고 있습니다.

또한, 36절에서 "아들을 믿는 자에게는 영생이 있고"에서 '있고'는 15-16절에서 사용된 '얻다'와 같은 단어에 해당하며 시제도 동일하게 현재형으로 되어 있습니다. 즉, 아들을 믿는 자는 지금 이미 영생을 가지고 있다는 의미입니다.

이상의 내용을 정리하면 하나님과 예수 그리스도를 믿는 자들은 누구든지 이미 구원을 받았고 현재 영생을 가지고 있다는 것입니다. 이때 영생은 육신의 생명이 아니라 영적 생명이라는 것을 의미합니다.

믿음을 가진 자들이 하나님의 은혜에 의해 받게 되는 것들에 대해 좀 더 살펴보겠습니다. 요한복음 1장의 내용을 보겠습니다.

요 1:10-13

10 그가 세상에 계셨으며 세상은 그로 말미암아 지은 바 되었으되 세상이 그를 알지 못하였고

11 자기 땅에 오매 자기 백성이 영접하지 아니하였으나

> 12 영접하는 자 곧 그 이름을 믿는 자들에게는 하나님의 자녀가 되
> 는 권세를 주셨으니
> 13 이는 혈통으로나 육정으로나 사람의 뜻으로 나지 아니하고 오직
> 하나님께로부터 난 자들이니라

본문 10절에서 '그'는 예수 그리스도를 나타낸다는 것은 쉽게 알 수 있습니다. 12절에서 '영접하다'는 '적극적으로 받아들이다' 혹은 '적극적으로 부여잡다'라는 의미를 가지고 있으며 '권세'는 '합법적 권한'을 나타냅니다. 그리고 '주셨으니'의 시제는 부정 과거에 해당됩니다. 부정 과거 시제는 과거에 이루어진 상황이 현재까지 계속해서 지속적으로 영향을 미치고 있음을 나타냅니다. 따라서 본문에 사용된 단어들의 의미와 지금까지 살펴본 내용들을 연계하여 본문의 내용을 다시 정리해 보겠습니다.

온 세상을 통치할 수 있는 권한을 하나님으로부터 부여받은 예수 그리스도께서 이 세상에 오셨지만 세상 사람들은 그들 스스로 아무도 예수님을 알지 못하고 영접하지도 않았습니다. 따라서 이 세상 사람들 어느 누구도 스스로 구원에 이를 수 없었습니다.

그런데 그들 중에 하나님께 택함을 받은 자들이 있고 그들은 예수님을 영접하게 되는데 이때 예수님을 영접한다는 것은 '예수 그리스도'라는 이름이 의미하는 바를 올바로 알고 적극

적으로 믿는 것을 말하며 이러한 자에게는 하나님께서 '하나님의 자녀'라는 합법적 권한을 그들에게 부여해 주신다는 것입니다(12-13절). 그리고 그 권한은 계속해서 유효한 것입니다.

따라서 예수 그리스도를 믿는 자들은 자신이 하나님의 자녀 곧 구원받은 자라는 것을 하나님께 공식적으로 인정받은 것입니다. 그런데 절대자이신 하나님께서 공식적으로 인정하신 것이기 때문에 그 권한은 계속해서 변하지 않고 영원토록 지속되는 것입니다.

하나님의 자녀가 될 수 있는 것은 불의의 상태에서는 불가능합니다. 왜냐하면, 하나님은 '의'의 본체이시고 의의 주권자이며 주관자이시므로 불의한 자가 의로우신 하나님과 함께 할 수 없기 때문입니다.

따라서 예수 그리스도를 영접하는 자가 하나님의 자녀로 인정을 받는 것은 그들이 의의 상태에 있다는 것과 구원을 받았다는 것을 공식적으로 인정하는 것이고 또한 그들이 받은 구원은 절대로 변하지 않고 영원토록 지속된다는 것을 의미하는 것입니다. 골로새서 1장에도 믿음을 가진 자들이 하나님의 은혜로부터 받게 되는 내용에 대해 말해 주고 있습니다.

골 1:19-22

19 아버지께서는 모든 충만으로 예수 안에 거하게 하시고

> 20 그의 십자가의 피로 화평을 이루사 만물 곧 땅에 있는 것들이나 하늘에 있는 것들이 그로 말미암아 자기와 화목하게 되기를 기뻐하심이라
> 21 전에 악한 행실로 멀리 떠나 마음으로 원수가 되었던 너희를
> 22 이제는 그의 육체의 죽음으로 말미암아 화목하게 하사 너희를 거룩하고 흠 없고 책망할 것이 없는 자로 그 앞에 세우고자 하셨으니

본문에는 예수 그리스도의 십자가 희생을 통해 하나님께서 이루시고자 했던 내용들이 설명되어 있습니다. 내용을 정리하면 하나님께서는 예수님에게 이 세상의 모든 것을 대신할 수 있는 권세를 주시고 세상에 보내신 뒤 예수님의 육체의 죽음을 통해 하나님과 원수 관계에 있던 죄인들을 하나님 자신과 화목하게 만드시고 그들이 하나님 앞에 거룩하고 흠 없고 책망할 것이 없는 자로 설 수 있게 하셨다는 것입니다. 여기에서 '화목하다'는 '원수(적) 관계에서 친구 관계(같은 편)로 완전하게 변하다'라는 의미를 나타냅니다.

따라서 본문이 말하고자 하는 것은 본성적으로 죄악(불의)의 상태에 있어서 하나님과 원수 관계에 있었으며 구원받기 전의 상태에 있던 이 세상 사람들을 예수 그리스도를 믿는 믿음을 통해 이제는 하나님께서 그들을 의인으로 칭해 주시고 자신의 편 다시 말하면 하나님과 친구 관계 곧 구원받은 상태로 변화시켜 주셨다는 것을 말하고 있습니다.

그렇게 된 자들은 이제는 예수 그리스도를 믿지 않는 자들과는 구별되는 거룩한 자들이고 또한 예수님께서 자신들의 죄 값을 대신 치르신 그 사실을 믿기 때문에 이제는 불의의 상태에서 의의 상태로 바뀌어 더 이상 죄인이라고 불리우지 않는 흠(죄) 없는 자들이 된 것입니다. 합법적으로 이미 모든 죄 값을 치른 상태이므로 더 이상 다른 처벌을 받지 않아도 되는 자 곧 책망할 것이 없는 자들이 된 것입니다. 즉, 율법에 저촉될 일이 전혀 없게 된 것입니다.

앞에서 우리는 이미 율법은 인간의 죄 문제를 해결해 주는 것이 아니라 오히려 죄를 깨닫게 하여 하나님 앞에서 모든 인간은 죽을 수밖에 없는 죄인이라는 사실을 드러내게 한다는 것을 확인하였습니다.

그러나 하나님께서는 예수 그리스도를 보내셔서 죄인인 우리를 대신해 죽게 하심으로 율법의 요구를 충족시키고 율법의 문제를 완전히 해결해 주셨습니다.

따라서 예수 그리스도의 십자가 죽음의 의미를 알고 믿고 자신에게 적용시킨 자들은 더 이상 그 율법의 요구에 저촉되지 않게 되는 것입니다.

따라서 예수 그리스도를 믿는 자들은 더 이상 율법에 얽매이지 않고 율법에서 완전히 벗어난 자 곧 구원받은 자가 된 것입니다. 그리고 구원받은 그들은 더 이상 율법에 매이지 않고 성경에서 말하는 구원의 복음의 말씀에 근거하여 하나님의 은혜를 따라 살아가게 되는 것입니다. 로마서 7장의 말씀을 보겠습니다.

> **롬 7:4-6**
>
> 4 그러므로 내 형제들아 너희도 그리스도의 몸으로 말미암아 율법에 대하여 죽임을 당하였으니 이는 다른 이 곧 죽은 자 가운데서 살아나신 이에게 가서 우리가 하나님을 위하여 열매를 맺게 하려 함이라
> 5 우리가 육신에 있을 때에는 율법으로 말미암는 죄의 정욕이 우리 지체 중에 역사하여 우리로 사망을 위하여 열매를 맺게 하였더니
> 6 이제는 우리가 얽매였던 것에 대하여 죽었으므로 율법에서 벗어났으니 이러므로 우리가 영의 새로운 것으로 섬길 것이요 율법 조문의 묵은 것으로 아니할지니라

지금까지 살펴본 성경의 말씀들을 통해 우리는 하나님께 구원을 받는다는 것이 무엇을 의미하는지 그리고 구원받은 자들은 어떠한 상태에 있는지에 대해 살펴보았습니다.

그렇다면 이제 우리 자신은 나는 과연 구원을 받은 상태에 있는지, 다시 말하면 구원을 받았는지에 대해 우리 자신에게 물어보아야 합니다. 이에 대한 답을 교리적으로는 '구원의 확신'이라는 표현을 사용합니다. 다음 장에서는 구원의 확신에 대해 성경은 어떻게 이야기하고 있는지 알아보도록 하겠습니다.

5장

구원의 확신

 앞장에서는 성경에서 말하는 구원의 정의와 방법 그리고 결과 등에 대해 살펴보았습니다. 그런데 성경에서 밝히고 있는 구원의 정의에 따르면 믿음을 가진 자들은 이미 구원을 받았고 이 세상을 살고 있는 동안에도 영생을 소유하고 있다고 반복해서 밝히고 있습니다. 즉, 현재 이 세상에 살아가고 있는 사람들 중에 이미 구원을 받고 영생을 소유한 사람들이 있다는 것입니다.

 그런데 상황에 따라서는 구원을 받은 사람들 중에서도 자신이 구원을 받았는지에 대한 확신을 갖지 못하는 경우가 있을 수 있습니다. 또는 자신은 이미 구원을 받았다고 자신 있게 말하지만 실상은 구원을 받지 못한 자들도 있을 수 있습니다. 이러한 문제가 야기될 수 있는 것은 성경에서 말하는 구원의 올바른 정의에 대한 지식이 부족하고 또 자신의 영적 상태에 대한 올바른 인식이 부족하기 때문입니다.

구원은 전적으로 하나님께 달려 있습니다. 따라서 자신이 구원을 받았는지 받지 못했는지에 대해서는 개개인의 생각이나 스스로의 판단에 의해 결정되는 것이 아닙니다. 하나님께서 구원하신 자는 확실히 구원을 받은 것이고 하나님께서 구원하지 않은 자는 구원을 받지 못한 것입니다.

그러나 성경은 하나님께서 주시는 구원이 어떠한 것인지 분명히 밝히고 있기 때문에 이미 구원을 받은 자가 자기가 받은 구원에 대해 확신하지 못하는 경우나 혹은 구원을 받지 못한 자가 자신은 구원받았다고 주장하는 경우 모두 성경의 말씀을 근거로 사실 여부를 확인할 수 있습니다. 즉, 자신이 성경에서 말하는 구원을 받은 자의 상태에 속해 있다면 그는 구원을 받은 것이고(이것을 구원의 확신이라고 말합니다), 아무리 자기가 구원을 받았다고 주장하더라도 자신의 영적 상태가 성경에서 말하는 구원받은 자의 상태와 차이가 있다면 그는 구원을 받지 못한 것입니다.

성경은 하나님께서 우리에게 주신 하나님의 약속에 대해 그리고 복음의 진리에 대해 명확하게 기록하고 있고 또 구원받은 자의 영적 상태가 어떠한지를 확인하기에 부족함이 없기 때문에 성경 말씀을 기준으로 자신의 영적 상태를 분명하게 확인해 볼 수 있습니다.

따라서 성경에서 말하는 복음의 본질적 내용에 근거한 구원의 정의에 비추어 자신이 구원을 받은 자의 상태에 속해 있다고 믿는다면 그는 구원의 확신을 가진 자입니다. 물론 이때의 믿음도 하나님께서 인정하시는 믿음이어야 합니다. 자신이 그렇다고 착각하는 것은 소용이 없습니다.

그러므로 그리스도인들이 구원의 확신에 대하여 성경에서는 어떻게 말하고 있는지 확인하여 알고 있는 것은 자신의 올바른 신앙생활을 위해 매우 중요합니다. 세상을 살아가는 삶의 자세에 있어 구원의 확신을 가진 자와 그렇지 못한 자의 모습에는 큰 차이가 있을 수 있습니다. 로마서 10장의 말씀을 보겠습니다.

> **롬 10:9-10**
> 9 네가 만일 네 입으로 예수를 주로 시인하며 또 하나님께서 그를 죽은 자 가운데서 살리신 것을 네 마음에 믿으면 구원을 받으리라
> 10 사람이 마음으로 믿어 의에 이르고 입으로 시인하여 구원에 이르느니라

본문 9절의 내용을 보면 '네가 만일'이라는 가정법의 문장 형태로 시작하고 있으며 두 부분으로 구분하여 가정의 내용을 정리하고 있습니다. 첫 번째 가정은 "네 입으로 예수를 주로 시인하며"이고 두 번째 가정은 "하나님께서 그를 죽은 자 가운데서 살리신 것을 네 마음에 믿으면"으로 되어 있습니다. 그리고 가정에 대한 결과는 "구원을 받으리라"고 결론을 맺고

있습니다. 즉, 구원을 받기 위한 전제 조건을 두 가지로 제시하고 있는 것입니다.

첫 번째 가정의 조건 즉 네가 네 입으로 예수를 주로 시인한다는 것이 무엇을 의미하는지 살펴보겠습니다. 이 내용에서도 시인함과 관련된 내용을 세 부분으로 구분하여 말하고 있는데 '네 입으로' 시인해야 한다는 것과 '예수'를 시인한다는 것 그리고 예수를 '주'로 시인한다는 것입니다.

여기에서 '시인하다'는 전적으로 인정하고 동의하여 자기의 입장을 공식적으로 나타낸다는 의미를 나타냅니다. 그리고 '주'라는 단어에 대해서는 이미 이 책의 첫 번째 장에서 살펴본 바와 같이 구약의 여호와 하나님에 해당하는 단어로서 '전능한 나의 주'라는 의미를 가지고 있습니다.

따라서 첫 번째 조건의 내용 "네 입으로 예수를 주로 시인하며"를 다시 정리하면, 예수님이 바로 '나의 삶의 주인이며 나의 생명의 주인이며 나의 영혼의 주인이며 그분은 온 만물을 다스리는 권한을 가진 전능하신 자라는 것을 자기 스스로 마음의 중심에서부터 인정하고 믿고 고백한다면'이라는 의미입니다.

특별히 "네 입으로" 시인한다는 것은 자기가 시인한 그 내용이 자기와 직접적인 관련이 있고 자기의 생각과 행동에 직접적으로 영향을 미치고 있어야 함을 의미합니다. 다른 사람의 의견에 따라서가 아니고 또는 단지 입으로만 이야기하는 것이 아니고 성경을 통해 나타내신 하나님의 말씀에 근거하여 자기 자신의 중심에서부터 '예수님은 나의 주이십니다'라고 인정하고 고백할 수 있어야 한다는 의미입니다.

왜냐하면, 그러한 고백 속에서 예수님과 자신과의 사이에 특별한 관계가 형성되고 그 관계 속에서 자신의 생각과 행동이 결정되게 되기 때문입니다. 즉, 예수님이 나의 주인이면 나는 예수님의 종이 되는 것이므로 올바르고 착한 종으로서 내가 어떻게 생각하고 어떻게 행동해야 하는지를 결정해야 하고 그 결정은 나의 주인의 뜻을 올바로 알고 그 뜻에 순종하며 나아가는 것에 맞추어져야 하기 때문입니다.

두 번째 가정의 내용은 "하나님께서 그를 죽은 자 가운데서 살리신 것을 네 마음에 믿으면"으로 되어 있는데 이 내용도 세 부분으로 구분하여 이해하는 것이 필요합니다.

먼저 그(예수님)가 죽으셨다는 것은 예수 그리스도의 십자가 희생이 인간들의 죄를 대신하는 대속의 의미가 있다는 것이며 두 번째 하나님께서 그를 다시 살리셨다는 것은 십자가 희생으로 인간의 죄 값을 대신 치르신 예수님을 하나님께서 하나님의 권능으로 영의 몸으로 다시 살아나게 하셨다는 것을 말합니다.

마지막으로 네 마음에 믿는다는 것은 위에서 설명한 두 가지 사실들을 자기에게 적용하여 자신은 예수 그리스도를 믿기 때문에 예수님과 같은 운명 공동체로서 자신도 예수 그리스도와 함께 죄에 대해 죽었고 그리스도께서 살아나실 때 그리스도와 함께 새 생명을 가진 자로 살아났다는 것을 인정하고 믿고 그 믿음에 있어 흔들리지 않는다는 것을 말합니다.

마지막 결론의 내용은 자신이 가지고 있는 생각과 믿음이 위에서 살펴본 두 가지 전제 조건의 내용에 모두 부합한다면 그 사람은 구원을 받는다는 것입니다. 그리고 이 내용들을 10절에서 다시 한번 "사람이 마음으로 믿어 의에 이르고 입으로 시인하여 구원에 이르느니라"라고 요약하여 확인해 주고 있습니다. 즉, 누구든지 9절에서 이야기한 두 가지 전제 조건의 내용을 자기에게 적용시켜 마음의 중심에서부터 인정하고 믿게 되면 그것을 하나님께서 의롭다고 여겨 주시게 되고 그 사람은 구원에 이르게 된다는 것입니다.

그런데 여기에서 우리가 조심해야 할 부분이 있습니다. 본문에 나오는 '구원에 이르느니라'라는 표현을 잘못 이해하면 마음으로 믿고 입으로 시인하는 자들은 앞으로 구원을 얻게 될 것이라는 내용으로 이해할 수 있습니다.

그러나 여기에서 '구원에 이르다'에 해당하는 단어는 '구원의 상태에 있다'라는 의미이며 현재형 시제로 되어 있습니다. 즉, 앞의 두 전제 조건을 만족시키지 않은 상태에서는 구원을 받지 못하지만 누구든지 두 전제 조건의 내용을 인정하고 믿으며 그 내용을 자기에게 적용하고 있는 사람은 이미 구원을 받았다는 것을 말하고 있습니다.

그렇다면 이제 우리는 이 성경의 말씀을 근거로 자신이 구원을 받았는지 아닌지 확인할 수 있습니다. 구원의 확신에 관하여 좀 더 구체적인 내용을 이야기하고 있는 로마서 6장의 말씀을 살펴보겠습니다.

<u>롬 6:3-11</u>

3 무릇 그리스도 예수와 합하여 세례를 받은 우리는 그의 죽으심과 합하여 세례를 받은 줄을 알지 못하느냐

4 그러므로 우리가 그의 죽으심과 합하여 세례를 받음으로 그와 함께 장사되었나니 이는 아버지의 영광으로 말미암아 그리스도를 죽은 자 가운데서 살리심과 같이 우리로 또한 새 생명 가운데서 행하게 하려 함이라

5 만일 우리가 그의 죽으심과 같은 모양으로 연합한 자가 되었으면 또한 그의 부활과 같은 모양으로 연합한 자도 되리라

6 우리가 알거니와 우리의 옛 사람이 예수와 함께 십자가에 못 박힌 것은 죄의 몸이 죽어 다시는 우리가 죄에게 종노릇 하지 아니하려 함이니

7 이는 죽은 자가 죄에서 벗어나 의롭다 하심을 얻었음이라

8 만일 우리가 그리스도와 함께 죽었으면 또한 그와 함께 살 줄을 믿노니

9 이는 그리스도께서 죽은 자 가운데서 살아나셨으매 다시 죽지 아니하시고 사망이 다시 그를 주장하지 못할 줄을 앎이로라

> 10 그가 죽으심은 죄에 대하여 단번에 죽으심이요 그가 살아 계심은 하나님께 대하여 살아 계심이니
> 11 이와 같이 너희도 너희 자신을 죄에 대하여는 죽은 자요 그리스도 예수 안에서 하나님께 대하여는 살아 있는 자로 여길지어다

본문에서 이야기하는 것은 앞서 로마서 10장에서 살펴본 내용 즉 예수를 주로 시인하며 또 하나님께서 그를 죽은 자 가운데서 살리신 것을 마음에 믿으면 구원을 받으리라고 결론지을 수 있는 근거에 대해 설명하고 있습니다.

본문에 앞서 로마서 5장에서는 예수님의 십자가 희생의 의미를 율법과 은혜의 관계로 설명하면서 "우리가 아직 죄인 되었을 때에 그리스도께서 우리를 위하여 죽으심으로 하나님께서 우리에 대한 자기의 사랑을 확증하셨느니라"라고 결론을 맺고 있습니다. 즉, 죄가 없으신 예수 그리스도께서 죽으신 것은 죄인인 우리의 죄를 위해 대신 죽으신 것이며 이것은 인간들을 향한 하나님의 사랑의 표현이라는 것을 설명하고 있습니다.

그리고 6장으로 이어진 본문에서 예수 그리스도의 십자가 희생의 의미를 알고 믿는 자들이 어떻게 구원을 받게 되는지에 대한 근거를 자세히 설명하고 있습니다.

먼저 3절에서 그리스도 예수와 합하여 세례를 받은 것은 그의 죽으심과 합하여 세례를 받은 것이라고 말하고 있습니다. 여기에서 '합하여'는 '~ 안에서' 혹은 '~ 와 연합하여'라는 의

미입니다. 따라서 그리스도 예수와 합하여 세례를 받는다는 것은 예수 그리스도라는 존재에 대해 그분의 정체성과 존재의 의미 즉 예수님은 하나님께로부터 이 세상을 다스리고 대표할 수 있는 권한을 부여받은 하나님의 아들이라는 것을 알고 믿는 것을 전제로 합니다.

그리고 그러한 믿음을 가진 자들이 세례를 받는다는 것은 그들이 예수님의 죽으심의 의미 즉 예수님께서 자신의 죄를 대신하여 죽으셨으므로 자신의 죄가 깨끗해졌다는 사실을 또한 알고 믿어야 함을 말하고 있습니다.

그 사실을 알고 믿는 자들은 예수님께서 이천 년 전에 이 세상에 오셔서 십자가에서 죽으실 때 이 세상 만물에 대한 예수님의 권한 아래에서 자신도 예수님과 함께 죄에 대하여 죽어 장사된 것을 믿는 것입니다(4절). 또한, 동일한 논리에 의해 하나님께서 예수님을 죽으신 지 삼일 만에 다시 살리셨을 때 자신도 그리스도와 함께 살아난 것을 믿는 것입니다. 이에 대한 근거를 5절에서 다시 한번 설명하고 있습니다.

5절의 내용을 이해하기 위해서는 주의 깊게 살펴보아야 할 두 단어가 나오는데 바로 "같은 모양"과 "연합한"입니다. 먼저 "연합한"은 '같은 운명의' 혹은 '같은 운명을 가진'이라는 뜻을 나타냅니다. 즉, 예수 그리스도를 믿는 우리는 예수 그리스도와 같은 운명을 가진 존재라는 것입니다. 왜냐하면, 예수님께서는 온 우주 만물을 대신할 수 있는 권한을 가지고 계시는데 그 만물 안에 우리가 포함되어 있기 때문입니다.

그러므로 같은 운명을 가진 존재이면 당연히 같은 모양을 같게 되는데 이때 "같은 모양"은 '닮은 꼴' 혹은 '같은 상태'를 의미하며 본문에서는 '그의 죽으심'과 '그의 부활'을 수식하고 있습니다. 즉, 예수님과 같은 운명을 가지고 있기 때문에 우리도 예수님께서 죽으실 때와 부활하실 때의 상태와 같은 상태에 있다는 것입니다.

그런데 예수님께서 죽으실 때는 육의 몸으로 죽으셨지만 부활하실 때는 영의 몸으로 부활하셨습니다(이 내용에 대해서는 고린도전서 15장 40-49절을 참고하시기 바랍니다). 따라서 예수 그리스도를 믿는 우리가 구원을 받는 것은 육의 몸을 입고 있는 영적 사망의 상태에서 육의 몸을 입고 있지만 영적 생명의 상태로 다시 살아나는 것을 말하는 것입니다. 우리는 이미 앞장에서 성경에서 말하는 구원은 영적 구원을 의미한다는 것을 확인하였습니다.

성경은 예수 그리스도를 믿는 자들은 영생을 갖게 된다고 말하고 있습니다. 그런데 이때 영생은 육의 몸이 죽지 않고 영원히 사는 것을 의미하는 것이 아닙니다. 이단에 속한 집단에서 간혹 예수님을 믿으면 우리 몸이 죽지 않고 영원히 살게 된다거나 혹은 죽은 다음에도 지금과 같은 육의 몸을 입고 부활하여 다시 영원히 살게 될 것이라고 주장하는 경우가 있지만 성경에서 말하는 바와는 전혀 다릅니다.

예수님께서 부활하신 후 행하신 일의 기록들을 보면 예수님께서 사람들에게 인식되기는 했지만 일반적인 육의 몸을 가진 상태와는 다른 상태에 계셨다는 것을 알 수 있습니다.

또한, 베드로전서에서도 구원에 대해 이야기할 때 "믿음의 결국 곧 영혼의 구원을 받음이라"(벧전 1:9)라고 말하고 있습니다. 따라서 본문 5절의 내용이 말하는 것은 예수님께서 죽으실 때는 우리와 같은 육의 몸을 입고 죽으셨지만 부활하실 때는 영의 몸으로 부활하셨기 때문에 예수님을 믿는 우리들도 예수 그리스도와 연합한 자로서 육의 몸은 죄에 대해 죽었고 영으로 다시 살아난 상태 즉 영적 상태의 구원을 받았다는 사실을 말하고 있는 것입니다.

6절과 7절에서는 "죽으심과 같은 모양으로 연합한 자"에 대한 내용을 설명하고 있습니다. 우리가 예수님과 같은 운명 공동체로서 이천 년 전에 예수님과 함께 십자가에 못 박힌 것은 옛 사람(죄의 몸)이 죽은 것이므로 이제는 죄에 대해 죄 값을 치르고 죄에서 해방된 상태 즉 의의 상태에 있다는 것입니다.

그렇다면 같은 논리에 의해 예수님과 같은 운명 공동체로서 우리가 예수님과 함께 죽었으면 예수님께서 살아나실 때 우리도 함께 살았다는 것을 믿을 수 있는 것입니다(8절). 즉, 예수님께서 죽은 자 가운데서 살아나셔서 의의 상태로 영적 생명을 가지고 계셨기 때문에 예수님과 같은 운명을 가진 우리들도 마찬가지로 하나님께서 주신 영적 생명을 가진 자가 되는 것입니다.

예수님께서 죽으신 것은 온 세상의 죄를 대신하여 죽으신 것이므로 한 번에 죄의 문제를 모두 해결하신 것이고 다시 부활하신 것은 하나님께서 하나님의 권능으로 살리신 것이기 때문에 그 생명은 확실하며 영원히 지속되므로 다시 죽지 않는 것입니다(10절). 따라서 하나님께서 주신 영원한 생명을 가진 우리들도 사망이 다시 우리를 주장하지 못하는 것입니다.

그렇다면 지금까지의 내용을 근거로 정리해 볼 때 하나님을 믿고 또한 하나님의 아들 예수 그리스도가 이 세상에 오셔서 하신 일을 올바로 알고 자신에게 적용하여 믿는 자들은 자신들도 죄에 대하여는 이미 죽은 것이고 이제는 하나님께서 주신 새 생명을 가진 구원받은 자라는 것을 확신해도 되는 것입니다.

본문 11절에서는 '이와 같이'라는 어구로 시작하고 있는데 이는 '그렇다면'으로 해석하는 것이 본문의 내용을 이해하는 데 더 적절해 보입니다. 3절에서 10절까지의 내용을 논리적으로 전개하며 설명하고 난 뒤 그 내용들이 논리적으로 맞는다면 그렇다면 "너희들도 너희 자신을 죄에 대하여는 죽은 자요 그리스도 예수 안에서 하나님께 대하여는 살아 있는 자로 여길지어다"라고 결론적으로 말하고 있습니다.

이때 '여길지어다'는 확실한 논리적 근거를 바탕으로 결론짓는다는 의미를 나타내며 명령형으로 되어 있습니다. 즉, 바울은 본문에서 예수 그리스도의 죽으심과 부활이 그를 믿는 자들에게 어떻게 적용되는지를 논리적으로 자세히 설명한 다음 이를 믿는 자들에게 자신들이 구원을 받았다는 것을 확신해도 된다고 말하고 있는 것입니다. 왜냐하면, 그것은 논리적으로 확실한 근거를 바탕으로 말하고 있기 때문입니다.

이 글을 읽는 독자들 중에도 위 로마서 본문이 설명하는 내용을 읽고 그 내용이 말하고자 하는 바를 깨달아 알고 인정하며 그 내용이 있는 그대로 자신에게 적용된다는 것을 인정하고 믿는 분들은 이미 구원을 받은 것입니다. 왜냐하면, 그 모든 내용이 논리적으로 볼 때 맞기 때문입니다.

그래서 성경은 "네가 만일 네 입으로 예수를 주로 시인하며 또 하나님께서 그를 죽은 자 가운데서 살리신 것을 네 마음에 믿으면 구원을 받으리라 사람이 마음으로 믿어 의에 이르고 입으로 시인하여 구원에 이르느니라"라고 말하고 있는 것입니다.

지금까지 예수 그리스도를 믿는 사람들이 구원의 확신을 갖는 것에 대해 여러 측면에서 살펴보았지만 가장 중요한 것은 믿음입니다. 믿음이 없으면 지금까지 살펴본 구원의 내용들이 자신에게 올바로 적용되지 않을 뿐 아니라 신앙생활을 하는 중에 어려움이나 시련이 닥쳐올 때 쉽게 무너지게 되고 하나님의 말씀과 믿음을 따라가기보다 세상적인 방법을 좇아가게 됩니다.

따라서 우리는 하나님의 말씀에 대해 흔들리거나 약해지지 않는 굳건한 믿음 주시기를 하나님께 간절히 기도해야 합니다. 구원받은 자들의 영적 상태에 대해 요한복음 5장에서 좀 더 확실하게 말해 주고 있습니다.

> 요 5:24
>
> 내가 진실로 진실로 너희에게 이르노니 내 말을 듣고 또 나 보내신 이를 믿는 자는 영생을 얻었고 심판에 이르지 아니하나니 사망에서 생명으로 옮겼느니라

본문은 예수님께서 제자들에게 직접 말씀하신 내용을 기록하고 있으며 본문에서 "진실로 진실로"라는 표현은 예수님께서 중요한 내용을 강조해서 이야기하실 때 자주 사용하시는 표현으로 '아멘'을 두 번 반복해서 말씀하신 형태입니다. 그런데 '아멘'은 '믿다' '신뢰하다'의 뜻을 나타내는 히브리어 '아만'에서 유래되었습니다. 따라서 이 표현은 분명하고 신뢰할만한 내용 즉 진리에 대해 이야기한다는 의미로 이해하면 됩니다.

예수님께서 그처럼 강조하며 말씀하신 내용은 바로 예수님께서 전하시는 복음의 내용을 듣고 또 자신을 세상에 보내신 자 하나님을 믿는 자는 영생을 얻었다는 것입니다. 이때 '듣다'는 듣는 내용의 본질적 의미를 '구별하여 깨닫다'라는 의

미를 가지고 있습니다. 단지 귀로 듣는 것만을 의미하지 않고 귀로 들린 하나님의 말씀의 의미와 본질을 올바로 깨달아 아는 것을 말합니다. 그리고 그 하나님의 말씀은 이미 앞에서 로마서에서 구원에 관해 언급한 모든 내용을 말합니다.

그런데 구원에 관한 그 내용은 전능하신 하나님께서 말씀하시고 약속하신 것이기 때문에 하나님과 하나님의 말씀을 믿는 자는 이미 구원을 받았다고 즉 영생을 얻었다고 강조해서 말씀하시는 것입니다.

여기에서 '얻었고'는 '가지다' 혹은 '소유하다'의 의미를 나타내며 시제는 현재형으로 되어 있습니다. 따라서 하나님과 하나님의 말씀을 믿는 자는 구원을 받아서 현재 영생을 가지고 있다는 의미가 됩니다. 앞으로 구원받게 되는 것이 아니고 앞으로 영생을 얻게 되는 것이 아니고 이미 구원을 받아서 현재 영원한 생명을 가지고 있다는 것입니다.

그리고 그 내용을 다시 한번 "심판에 이르지 않고 사망에서 생명으로 옮겼느니라"라고 부연해서 말씀하고 있습니다. 여기에서 '옮기다'는 '본질적으로 완전하게 변화하다'라는 의미를 가지고 있으며 시제는 현재 완료형으로 되어 있습니다. 즉, 이미 사망의 상태에서 생명의 상태로 본질적으로 완전하게 변화되어 있다는 것입니다.

본문의 말씀을 근거로 구원의 확신에 대해 다시 정리해 보면 예수님께서 전해 주신 하나님의 복음의 말씀을 올바로 깨달아 알고 믿는 자는 죄의 문제가 해결된 의인에게 주어지는 영생을 이미 가지고 있는 것이고 죄의 문제가 완전히 해결되었기 때문에 더 이상 죄의 유무를 따지는 심판을 받을 이유가 없는 것입니다. 그리고 그들은 사망의 상태에서 생명의 상태로 본질적으로 완전히 바뀐 상태에 있는 것입니다.

또한, 믿음을 가진 자들이 하나님께 받은 이러한 구원은 확실하며 변화하지 않으며 어떠한 상황에서도 빼앗기지 않는 실제적인 것입니다. 왜냐하면, 하나님의 권능은 이 세상 그 어떤 것보다도 절대 우위에 있으며 전능하신 하나님의 말씀은 이 세상 그 어떤 것으로도 무효화시킬 수 없기 때문입니다.

따라서 지금까지 살펴본 하나님의 말씀을 인정하고 믿는 자들은 자신이 구원받았다는 사실을 확신해도 됩니다. 하나님께서 주신 그 구원은 절대로 변하지 않습니다. 하나님께서 한 번 주신 구원은 영원한 것입니다.

골로새서 1장에는 구원받은 자들의 소속에 대해 이야기하고 있습니다.

골 1:12-14

12 우리로 하여금 빛 가운데서 성도의 기업의 부분을 얻기에 합당하게 하신 아버지께 감사하게 하시기를 원하노라

13 그가 우리를 흑암의 권세에서 건져내사 그의 사랑의 아들의 나라로 옮기셨으니

14 그 아들 안에서 우리가 속량 곧 죄 사함을 얻었도다

본문 12절에는 하나님께서 믿음을 가진 자들을 성도의 기업의 부분을 얻기에 합당하도록 만드셨다고 말합니다. 이때 "성도의 기업"이라는 말은 성도(구원받은 하나님의 백성, 하나님의 자녀)로서의 몫(권한, 권리)을 의미합니다. 그리고 '합당하게 하다'는 '충분한 자격을 갖게 하다'라는 의미를 가지고 있습니다. 따라서 12절의 내용을 다시 정리하면 하나님께서 믿음을 가진 자들에게 하나님의 백성이 되기에 충분한 자격을 부여하셨다는 것입니다.

그리고 13절에서 그 의미를 다시 한번 설명하고 있습니다. 즉, 우리가 성도의 기업을 얻는다는 것은 하나님을 알지 못하고 믿음이 없이 죄의 종이 되어 죄악 속에서 살던 우리(어둠이 다스리는 불의의 상태에 있던 우리)가 하나님의 구원을 통해 하나님께서 사랑하시는 하나님의 아들 예수 그리스도가 다스리는 나라로 옮겨진다는 것을 말합니다. 그리고 그렇게 된 것은 예수 그리스도의 십자가 죽음을 통한 대속으로 인해 우리가 죄 사함을 얻었기 때문이라고 말하고 있습니다(14절).

여기에서 '아들의 나라로 옮겼다'라는 문장이 무엇을 의미하는지 좀 더 살펴보겠습니다. 먼저 '옮기다'는 '소속(거주지)이 바뀌다'라는 의미를 나타내며 부정 과거 시제로 되어 있습니다. 부정 과거 시제는 과거에 이루어진 일이 계속해서 지속

적으로 영향을 나타내는 것을 말합니다. 그리고 '나라'는 왕이 다스리는 왕국(왕의 통치가 미치는 영역)을 의미합니다. 따라서 과거에는 죄가 다스리는 어둠의 권세에서 살다가 어느 때 그곳을 벗어나 하나님의 아들이 다스리는 하나님 나라의 백성으로 소속이 바뀌었고 지금까지 그곳에 속해 있다는 것입니다.

하나님의 아들이 하나님의 권세를 가지고 왕으로서 다스리는 나라가 곧 하나님의 나라이며 이것을 성경에서는 천국(하나님의 나라)이라고 표현하고 있습니다. 성경에서 말하는 천국의 개념은 우리가 일반적으로 어렴풋이 알고 있는 것처럼 구원받은 자들이 죽은 뒤에 가게 되는 또 다른 세계를 의미하지 않습니다. 오히려 하나님의 다스림이 미치는 영적 영역을 나타내며 그것은 지금 이 세상에도 임해져 있는 것으로 말하고 있습니다. 에베소서 2장에서 이와 관련된 내용을 확인해 볼 수 있습니다.

엡 2:4-6

4 긍휼이 풍성하신 하나님이 우리를 사랑하신 그 큰 사랑을 인하여

5 허물로 죽은 우리를 그리스도와 함께 살리셨고 (너희는 은혜로 구원을 받은 것이라)

6 또 함께 일으키사 그리스도 예수 안에서 함께 하늘에 앉히시니

본문에서는 우리를 사랑하시는 하나님께서 죄와 허물로 인해 영적 죽음의 상태에 있던 우리를 예수 그리스도를 믿는 믿음을 통해 영생을 얻게 하셨고 또 그리스도와 함께 하늘 (하나님이 계시며 다스리시는 곳)에 앉혔다고 말합니다.

여기에서 '함께 앉히다'는 예수 그리스도를 믿는 자들이 예수 그리스도와 운명 공동체 관계에 있음을 강조하고 있고 시제는 부정 과거입니다. 즉, 골로새서 1장에서 말하고 있는 것처럼 예수 그리스도에 대한 믿음을 가진 자들은 이미 하나님께서 다스리는 영역(하늘나라, 천국)인 하늘에 그리스도와 함께 속해 있다는 것입니다.

하나님과 그의 아들 예수 그리스도를 믿는 자들은 하나님께서 그분의 말씀을 통해 그들의 생각과 마음을 주장하며 다스리고 있는 것입니다. 즉, 하나님의 나라가 이미 그들에게 임해 있는 것입니다.

따라서 구원의 확신을 가지고 있는 자들은 이미 천국이 그들에게 임해 있어서 하나님께서 전능하신 권능으로 그들을 보호하고 다스리고 계신다는 것을 인정하고 믿어야 합니다.

하나님 나라에 들어 있는 자들은 하나님께서 다스리시고 보호하시기 때문에 이 세상 어느 것도 그들이 가지고 있는 생명을 빼앗을 수 없고 구원을 무효화시킬 수 없습니다. 구원은 하나님의 권능으로 허락하시고 또 보증까지 하신 것이므로 절대 불변의 것입니다. 고린도후서 1장의 말씀을 보겠습니다.

고후 1:21-22

21 우리를 너희와 함께 그리스도 안에서 굳건하게 하시고 우리에게 기름을 부으신 이는 하나님이시니
22 그가 또한 우리에게 인치시고 보증으로 우리 마음에 성령을 주셨느니라

예수 그리스도를 믿는 믿음을 통해 우리를 구원하시고 하나님의 백성으로 받아 주신 것은 절대자이신 하나님이십니다. 하나님께서는 우리를 구원하시고 또 우리가 구원받았다는 것을 확실하게 보증하기 위해 도장까지 찍으시고 보증으로 성령을 주셨습니다.

본문에서 '인치다'는 소유권을 주장하는 '도장을 찍다'라는 의미이고, '보증'은 소유권을 확실하게 하기 위한 보증금 혹은 계약금을 의미합니다.

일반적으로 아파트를 매매할 때 계약서에 사인을 하면 계약이 이루어짐과 동시에 아파트를 사는 사람이 아파트를 파는 사람으로부터 소유권을 양도받겠다는 약속이 이루어지는 것이므로 아파트의 원주인은 또 다른 사람과 임의로 소유권 이전을 위한 계약을 할 수 없게 됩니다. 그리고 계약금까지 지불한 뒤에는 소유권 이전을 위한 계약이 법적 효력을 나타내게 됩니다.

본문의 내용은 이러한 상황을 예로 들어 예수 그리스도를 믿어 구원받은 성도들의 주인은 하나님이며 그것을 확실하게 하기 위한 보증으로 성령을 우리 마음에 부어 주셨다는 것을 설명하고 있습니다.

  구원받기 전의 우리는 어두움(흑암, 죄)의 다스림을 받고 있었지만 예수 그리스도를 믿어 구원받은 뒤 우리를 다스리시는 우리의 주인은 하나님이시고 예수 그리스도이십니다. 또한, 이 세상을 살다가 육신의 죽음을 맞이하여 온전히 영으로 하나님께 나아갈 때까지 하나님의 성령이 함께 계시며 하나님의 권능으로 우리를 보호하고 인도하실 것입니다. 구원의 확신을 가진 그리스도인들은 이 믿음의 본질 위에서 흔들리지 않고 하나님의 이름을 부르며 담대하게 이 세상을 승리하며 나아갈 수 있습니다.

6장

그리스도인의 삶

 지금까지는 성경에서 말하는 구원이 무엇을 의미하는지 어떻게 하면 구원을 받을 수 있는지 그리고 구원의 확신을 갖는 것이 어떠한 것인지에 대해 살펴보았습니다. 결론적으로 구원을 받았다는 것은 자신이 예수 그리스도와 공동 운명체로서 예수 그리스도와 연합하여 죄에 대해 같이 죽었고 하나님의 능력으로 예수 그리스도와 함께 같이 살아났다는 것을 인정하고 믿고 자신이 믿은 바를 자신에게 적용하여 그 믿음 안에서 믿음을 따라 사는 것을 말합니다.

 그렇다면 구원의 확신을 가진 자들은 확신을 갖지 못한 자들과 비교해 볼 때 무언가 다른 특별한 삶을 살게 될 것이 분명합니다. 왜냐하면, 예수 그리스도와 연합한 자들은 자신들이 살아가는 삶의 주체가 자신들 스스로가 아니라 하나님께서 그들 안에 거하게 하신 성령이시기 때문입니다.

 그리스도인들이 간혹 잘못 생각할 수 있는 것은 하나님께서 나를 구원해 주셨기 때문에 이제부터는 내가 하나님을 위해 무엇인가를 열심히 해야 한다고 생각한다는 것입니다. 언뜻 생각해 보면 인간의 도리에 비추어 볼 때 맞는 것 같기도 합니다. 그러나 그러한 생각은 성경에서 말하는 바와는 사뭇 다른 것입니다.

이 차이를 설명하기 위해 영어 단어 'must'와 'will'을 들어 설명해 보겠습니다. 일인칭 주어 다음에 must가 오면 자신이 반드시 해야 하는 어떤 의무감이 있음을 말하며 자신이 해야 하는 그 일에 대한 책임도 전적으로 자기에게 있다는 것을 나타냅니다. 그러나 will이 올 때는 의무감보다는 자신이 하게 될 일에 대한 기대감이 더 크게 느껴집니다.

구원받은 자들이 살아가게 될 삶의 모습에 대해 성경에서 말하는 것은 의무감을 가지고 어떤 일을 해야 하는 must보다는 앞으로 성도로서의 삶이 어떻게 될 것인가에 대해 기대하며 나아가는 will에 가깝습니다.

그 이유는 구원받은 자들이 앞으로 살아가게 될 삶의 주체가 자신이 아니고 자기 안에 계신 성령이시기 때문입니다. 성령께서 하나님의 뜻을 따라 성도들의 삶을 이끌어 가실 것이기 때문에 '나는 이제 이렇게 살아야 돼'가 아니라 '나는 이제 이렇게 살게 될거야'가 본질에 더 가까운 것입니다. 이번 마지막 장에서는 구원받은 자 곧 참된 그리스도인들이 살아가게 될 삶의 모습들에 대해 살펴보겠습니다.

1. 하나님의 말씀

그리스도인의 삶의 모습을 나타내는 첫 번째는 하나님의 말씀에 관한 것입니다. 베드로전서 2장의 말씀을 보겠습니다.

> **벧전 2:1-2**
> ¹ 그러므로 모든 악독과 모든 기만과 외식과 시기와 모든 비방하는 말을 버리고
> ² 갓난 아기들 같이 순전하고 신령한 젖을 사모하라 이는 그로 말미암아 너희로 구원에 이르도록 자라게 하려 함이라

본문의 내용은 본문에 앞서 베드로전서 1장에서 인간은 오직 예수 그리스도를 믿는 믿음을 따라 영혼의 구원을 받게 된다는 구원의 복음에 대해 이야기한 뒤에 '그러므로'(그렇기 때문에)로 연결되고 있습니다. 이어지는 내용은 구원의 본질이 어떤 것인지 알고 구원의 확신을 가지고 있다면 그러한 자들은 모든 악독과 기만과 외식과 모든 비방하는 말을 버리고 순전하고 신령한 젖을 사모하라고 말하고 있습니다.

성도들이 버려야 하는 모든 악독과 기만과 외식과 모든 비방하는 말은 흑암의 권세 아래에서 죄 속에 살고 있던 우리의 옛 모습들에 해당합니다. 그러나 구원받은 자들은 흑암의 권세에서 벗어나 하나님의 아들의 나라로 완전히 옮겨졌기 때문에 이제부

터는 그들을 다스리시는 하나님의 뜻을 구하며 살아가야 하는데 그것은 곧 순전하고 신령한 젖을 사모하는 것이라고 말합니다.

본문에 사용된 '순전한'은 '거짓이 없는' 혹은 '속임이 없는'의 뜻을 가지고 있으며 '신령한'은 '논리적으로 확실한' 혹은 '믿을 만한'의 뜻을 가지고 있습니다. 따라서 순전하고 신령한 젖은 거짓이 없고 논리적으로 확실하여 믿을 만한 생명의 양식 곧 하나님의 말씀(성경)을 어린아이의 젖에 비유하여 표현하고 있는 것입니다.

젖먹이 아기들은 배가 고파 엄마의 젖을 찾을 때 금방이라도 죽을 듯이 울며 보챕니다. 엄마의 젖을 먹지 않으면 자기가 죽을 수 있다는 것을 본능적으로 알기 때문입니다. 구원받은 성도들도 이처럼 하나님의 말씀을 간절히 사모하여 열심을 가지고 성경을 가까이 하는 것이 필요합니다.

생명의 말씀인 성경이 우리에게 필요한 이유를 본문에서는 하나님의 말씀으로 인해 우리가 구원에 이르도록 자라게 하기 때문이라고 말하고 있습니다. 그런데 여기에서도 주의해서 보아야 할 표현이 있습니다. '구원에 이르도록'이라는 문구를 잘못 이해하게 되면 우리가 아직 완전한 구원에 이르지 못했기 때문에 하나님의 말씀을 통해서 앞으로 우리가 구원을 완성하게 될 것이라고 오해할 수 있습니다.

그러나 성경에서는 앞장에서 이미 여러 차례 살펴본 바와 같이 하나님께서 주신 구원은 완전하고 변화하지 않으며 이미 완성되어 성도에게 주어지는 것이라고 반복해서 말하고 있습니다.

이렇게 오해의 여지가 있도록 번역된 것은 '이르도록'에 해당하는 헬라어 단어를 어떻게 해석하느냐에 따라 뜻이 크게 달라질 수 있기 때문입니다. 여기에 사용된 헬라어 단어는 우리말로는 '안에서' 혹은 '위에서'로 번역될 수 있습니다. 따라서 구원에 이르도록 자란다는 것은 구원 안에서 혹은 구원 위에서 자라간다는 뜻입니다. 다시 말하면, 우리가 이미 확실하게 받은 구원 안에서(혹은 위에서) 하나님의 말씀을 통해 우리의 삶은 더 풍성해지고 더 성숙해져 간다는 의미입니다.

구원받은 자들의 삶은 성령께서 하나님의 뜻을 따라 인도해 가실 것이기 때문에 날마다 더욱 풍성해지고 성숙해져 갈 것입니다. 그렇게 해야 하는 것이지만 하나님께서 그렇게 해 가실 것입니다. 따라서 이제 우리는 더욱 열심히 생명의 말씀인 성경을 읽으며 성경을 통해 말씀하시고자 하는 하나님의 뜻을 온전히 깨달아 알기 위해 힘쓰는 것이 당연합니다. 그리고 하나님께서 그렇게 인도해 주실 것입니다.

2. 기도

그리스도인의 삶의 모습을 나타내는 두 번째는 기도에 관한 것입니다. 빌립보서 2장의 말씀을 보겠습니다.

빌 2:12-13

12 그러므로 나의 사랑하는 자들아 너희가 나 있을 때뿐 아니라 더욱 지금 나 없을 때에도 항상 복종하여 두렵고 떨림으로 너희 구원을 이루라

13 너희 안에서 행하시는 이는 하나님이시니 자기의 기쁘신 뜻을 위하여 너희에게 소원을 두고 행하게 하시나니

본문의 내용은 사도 바울이 빌립보 교회에 복음을 전파한 후에 돌아와서 다시 빌립보 교회에 보낸 편지의 내용입니다. 본문에 앞선 내용에서는 예수님이 어떤 존재인지에 대해 이야기하고 예수 그리스도를 믿는 믿음을 통해 구원받은 자들은 예수를 '주'라고 시인하게 된다는 것을 이야기한 다음 본문으로 연결되어 '그러므로'로 시작하고 있습니다. 즉, 예수 그리스도를 주라고 시인하는 구원받은 자들은 바울이 전한 복음의 내용들에 대해 복종하고, 또 두렵고 떨림으로 구원을 이루라고 말하고 있습니다.

여기에서도 앞서 베드로전서 2장에서 살펴본 것과 비슷한 표현으로 "구원을 이루라"라는 표현이 나옵니다. 마찬가지로 이 부분을 잘못 이해하면 복음의 내용을 듣고 복종함으로서 아직 완성되지 못한 구원을 완성해야 한다는 의미로 오해할 수 있습니다.

그런데 여기에 사용된 '이루다'는 '~에 따라 행하다'라는 의미도 가지고 있습니다. 따라서 본문의 내용은 바울이 전한 복음을 듣고 구원의 확신을 가진 자들은 그 구원의 내용을 바탕으로 혹은 구원의 내용에 따라 주의하고 조심해서 자신들의 삶을 살아가야 한다는 것을 말하고 있는 것입니다.

그리고 그렇게 말하는 이유는 바로 13절의 내용 때문이라고 말하고 있습니다. 그렇다면 13절의 내용이 구원받은 자들의 삶이 어떠한 모습을 갖게 될 것인지에 대한 근거를 제공하는 중요한 단서가 될 수 있습니다.

13절의 내용을 살펴보면 "너희 안에서 행하시는 이는 하나님이시기 때문에 자기의 기쁘신 뜻을 위하여 너희에게 소원을 두고 행하게 하신다"라고 말하고 있습니다. 즉, 구원받은 자들 안에서 하나님께서 행하시고 계시며 하나님께서 자신이 기뻐하시는 뜻을 위해 구원받은 자들에게 소원을 두고 행하게 하신다는 것입니다.

여기에 두 번 나오는 '행하다'는 '어떤 일의 결과가 나타나도록 시작하여 완성하다'라는 의미를 나타냅니다. 이 단어의 의미를 이해하기 위해 전기와 전등의 관계를 예로 들어보겠습니다. 전등의 불이 밝혀지기 위해서는 처음 전기가 만들어지고 그 전기가 전깃줄을 따라 전구에 도달하면 그때 빛이라는 결과를 나타내게 되어 전등의 불이 켜지게 됩니다. 이처럼 구원받은 자들 안에서 어떤 일을 시작하여 결과를 얻기까지 그 일을 진행하여 완성시키는 모든 일을 하나님께서 하고 계신다는 것입니다.

그런데 처음 나오는 (하나님이) '행하다'는 뒤쪽에 연결되는 (너희에게) '소원을 두고'와 (너희에게) '행하게 하시나니'를 수식하는 구조로 되어 있습니다. 따라서 13절의 내용을 다시 정리해 보면 구원받은 자들에게는 하나님께서 그들 안에 성령으로 계셔서 그들로 하여금 어떤 소원(바램 혹은 열망으로 해석될 수 있음)을 갖게 하고 또 그것을 행하도록 역사하시는데 그 소원은 하나님 자신의 뜻을 따라서 갖게 하는 것이고 그리고 그 소원을 따라 그들로 하여금 바라는 바를 완성하도록 성령께서 역사하신다는 것을 말하고 있습니다.

그렇다면 구원받은 자들이 하나님의 뜻을 따라 갖게 되는 그들의 바램과 열망은 그들의 기도의 제목이 되는 것이며 그들이 추구하고 살아가는 삶의 의미와 목적이 되는 것입니다.

성경에서 '~에게 기도하다'에 해당하는 헬라어는 '소원(소망)을 교환하다'라는 의미를 가지고 있습니다. 하나님이 기뻐하시는 뜻이 어떤 것인지 알고 그 뜻이 곧 우리가 바라고 소망하는 것이 되어 우리가 그것을 하나님께 구하는 것이 하나님께 드리는 우리의 기도가 되는 것입니다. 마태복음 6장에는 우리가 해야 할 올바른 기도의 내용이 어떠해야 하는지 분명하게 보여 주고 있습니다.

마 6:31-33

31 그러므로 염려하여 이르기를 무엇을 먹을까 무엇을 마실까 무엇을 입을까 하지 말라
32 이는 다 이방인들이 구하는 것이라 너희 하늘 아버지께서 이 모든 것이 너희에게 있어야 할 줄을 아시느니라
33 그런즉 너희는 먼저 그의 나라와 그의 의를 구하라 그리하면 이 모든 것을 너희에게 더하시리라

　기도는 구원받은 그리스도인들이 살아가는 신앙생활의 모습에서 중요한 부분을 차지합니다. 이는 그들이 기도하는 내용이 그들의 삶의 의미가 되고 삶의 목표가 되기 때문입니다. 본문에서도 우리가 하나님께 구하는 것이 단지 이 세상의 필요한 것들에 맞추어져 무엇을 먹을지 무엇을 마실지 무엇을 입을지에 대한 것에 치우쳐 있다면 그것은 하나님의 뜻을 따르는 것이 아니라고 예수님께서 직접 말씀하고 있습니다.

　그렇기 때문에 우리가 기도해야 하는 기도의 본질은 하나님의 기뻐하시는 뜻을 따라 하나님의 나라와 하나님의 의를 구하는 것이어야 합니다.

　여기에서 '구하다'는 단지 말로 요구한다는 의미가 아니라 구하고 추구하며 나아간다는 의미를 가지고 있습니다. 따라서 하나님의 나라를 구한다는 것은 하나님께서 우리를 다스리고 인도하시는 우리의 왕이라는 것을 인정하고 하나님께서 우리

의 삶을 이끌어 주시기를 구하며 하나님의 뜻에 순종하며 나아가는 것을 말합니다. 우리의 생각과 마음 그리고 마음의 동기까지도 하나님의 뜻을 따라 하나님께서 이끌어 주시기를 구하는 것입니다.

그리고 하나님의 의를 구하는 문제는 여러 측면이 있겠지만 대표적으로는 예수 그리스도를 믿는 것을 의롭다고 해 주신 하나님의 의이므로 우리의 믿음이 흔들리지 않고 더욱 온전해지고 믿음 안에서 더욱 성숙해지기를 구하는 것입니다.

그런데 하나님의 뜻을 따라 하나님의 나라와 하나님의 의를 구하는 이러한 기도는 올바른 믿음을 가진 구원받은 자들에게는 반드시 이루어질 것입니다. 왜냐하면, 우리 안에서 그 일을 이루도록 행하시는 분은 하나님이시기 때문입니다.

3. 예배

그리스도인의 삶의 모습을 나타내는 세 번째는 예배에 관한 것입니다. 로마서 12장 말씀을 보겠습니다.

> **롬 12:1-2**
> 1 그러므로 형제들아 내가 하나님의 모든 자비하심으로 너희를 권하노니 너희 몸을 하나님이 기뻐하시는 거룩한 산 제물로 드리라 이

는 너희가 드릴 영적 예배니라

2 너희는 이 세대를 본받지 말고 오직 마음을 새롭게 함으로 변화를 받아 하나님의 선하시고 기뻐하시고 온전하신 뜻이 무엇인지 분별하도록 하라

본문의 내용에 앞서 로마서 11장에서는 이방인이었던 로마인들이 행위로 말미암지 않고 오직 하나님의 은혜로 구원을 받게 된 것을 설명하였고 이어 12장으로 넘어오면서 '그러므로'로 연결되고 있습니다.

하나님께 구원을 받게 된 것이 그들의 행위로 인한 것이 아니었기 때문에 (그러므로) 하나님의 은혜로 구원을 받은 그들의 삶의 모습은 그들이 살던 옛 모습과는 달라야 한다고 말하고 있는 것입니다. 그리고 이제부터 그들이 살아가게 될 삶의 모습에 대해 "너희 몸을 하나님이 기뻐하시는 거룩한 산 제물로 드리라 이는 너희가 드릴 영적 예배니라"라고 말하며 예배에 대해 말하고 있습니다.

그런데 여기에서 바울은 그냥 예배라고 하지 않고 '영적 예배'라는 용어를 쓰고 있습니다. 따라서 우리는 바울이 말하고 있는 영적 예배가 무엇을 의미하고 있는지 살펴볼 필요가 있습니다. 우리가 일반적으로 알고 있는 예배의 형태 즉 교회에 나가 함께 드리는 예배가 본문에서 말하는 영적 예배를 충분히 만족시키고 있는지 아니면 바울이 말하고자 하는 영적 예

배에는 또 다른 의미가 있는지를 알아야 합니다. 그래야만 구원받은 그리스도인들도 성경에서 말하는 올바른 영적 예배를 드릴 수 있기 때문입니다.

일반적으로 예배 혹은 경배로 번역되는 영어 단어 '워쉽'(worship)은 '가치'를 의미하는 '워쓰'(worth)와 상태 혹은 관계성을 의미하는 '쉽'(ship)의 합성어입니다. 따라서 올바른 예배는 예배드리는 자가 예배의 대상에 대한 가치를 인정하고 그 대상과 필연적 특별한 관계가 맺어진 상태에서 자발적으로 나타내게 되는 적극적 반응이라고 말할 수 있습니다.

그러므로 그리스도인이 올바른 예배를 드리기 위해서는 먼저 예배의 대상이신 하나님이 어떠한 분이신지 하나님의 정체성과 권능의 가치를 올바로 인식해야 하고 그리고 하나님과 자신과의 올바른 관계가 정립되어야 합니다.

우리는 이미 앞에서 하나님과 하나님의 아들 예수 그리스도가 어떠한 존재인지 그리고 우리는 그분과 어떠한 관계에 있는지 확인한 바 있습니다. 우리가 고백하는 '전능하신 나의 주 하나님(예수 그리스도)'이라는 표현이 나와 하나님과의 관계를 잘 나타내 주고 있습니다.

이러한 관계 속에서 나타내게 되는 우리의 올바른 반응은 우리의 주인이신 그분의 기뻐하시는 뜻이 무엇인지 먼저 올바로 파악하는 것이며 그리고 파악된 그 뜻을 따라 순종하며 나아가려고 애쓰는 모습이 되어야 합니다.

본문에서는 이러한 모습을 '우리 몸을 하나님이 기뻐하시는 거룩한 산 제물로 드리는 것'이라고 말하고 있습니다. 산 제물은 살아 있는 제물을 말합니다. 다시 말하면, 생명을 가지고 있는 상태로 하나님께 드려지는 것을 말합니다. 예수 그리스도를 믿고 구원을 받아 하나님께서 주신 참 생명을 가진 자들만이 이러한 산 제물로 드리는 예배(영적 예배)를 드릴 수 있는 것입니다. 그리고 그것은 하나님이 기뻐하시는 것이어야 하고 세상과는 구별된 거룩한 것이어야 합니다.

앞에서 구원받은 자들이 드리는 기도는 하나님의 기뻐하시는 뜻을 따라 하나님의 나라와 하나님의 의를 구하며 나아가는 것이라고 하였습니다. 그러므로 하나님께서 주신 참 생명을 가진 우리가 하나님께 드리는 영적 예배는 하나님의 기뻐하시는 뜻을 따라 하나님의 나라와 하나님의 의를 구하며 나아가는 우리의 삶의 모습 그 자체가 곧 영적 예배가 되는 것입니다.

바울은 이러한 영적 예배는 우리가 이 세대를 본받지 않고 오직 마음을 새롭게 함으로 변화를 받아 하나님의 선하시고 기뻐하시고 온전하신 뜻이 무엇인지 분별할 때에 가능하다고 말합니다.

여기에서 '새롭게 하다'는 차원이 높은 것으로 새로워지는 것을 의미하고 '변화를 받다'는 외적 상태보다 내적 상태의 완전한 변화를 의미합니다. 우리 마음의 중심에서부터 근본적인 변화가 있어야 함을 말하고 있습니다.

하나님을 믿기 전에 세상적인 것에 마음을 두고 세상의 물질과 명예와 부를 추구하며 살던 삶에서 이제는 우리의 삶의 목적과 의미를 이 세상의 것들에 두지 않고 하나님의 기뻐하시는 뜻에 두고 하나님의 선하시고 기뻐하시고 온전하신 뜻이 무엇인지 분별하여 그 뜻을 따라 순종하며 나아가는 삶 그것이 곧 우리가 하나님께 드리는 영적 예배인 것입니다.

그런데 이러한 영적 예배도 하나님께서 우리에게 은혜로 허락하실 때 가능한 것입니다. 왜냐하면, 하나님께서 자기의 기쁘신 뜻을 위하여 우리에게 소원을 두고 행하도록 우리 안에서 역사하고 계시기 때문입니다. 우리가 살아가는 삶은 내가 아니라 내 안에 계신 그리스도께서 사시는 것입니다. 갈라디아서 2장의 말씀을 보겠습니다.

> **갈 2:20**
> 내가 그리스도와 함께 십자가에 못 박혔나니 그런즉 이제는 내가 사는 것이 아니요 오직 내 안에 그리스도께서 사시는 것이라 이제 내가 육체 가운데 사는 것은 나를 사랑하사 나를 위하여 자기 자신을 버리신 하나님의 아들을 믿는 믿음 안에서 사는 것이라

구원의 확신을 가진 자들이 하나님의 말씀과 올바른 기도와 영적 예배를 드리며 살아가는 그들의 삶은 그들 스스로의 삶이 아니고 예수 그리스도와 연합된 삶입니다. 따라서 예수 그

리스도께서 우리 안에 계셔서 우리의 왕으로 우리를 다스리며 인도해 가시는 삶이기 때문에 우리는 믿음으로 이 세상을 이기며 날마다 승리하며 나아갈 수 있습니다.

4. 고난

그리스도인의 삶의 모습을 나타내는 네 번째는 성도의 고난에 관한 것입니다. 로마서 8장의 말씀을 보겠습니다.

> **롬 8:16-18**
> 16 성령이 친히 우리의 영과 더불어 우리가 하나님의 자녀인 것을 증언하시나니
> 17 자녀이면 또한 상속자 곧 하나님의 상속자요 그리스도와 함께 한 상속자니 우리가 그와 함께 영광을 받기 위하여 고난도 함께 받아야 할 것이니라
> 18 생각하건대 현재의 고난은 장차 우리에게 나타날 영광과 비교할 수 없도다

본문 16절은 하나님과 그의 아들 예수 그리스도를 믿는 자들에게 하나님께서 그들이 하나님의 자녀인 것을 확인하고 보증하기 위해 성령을 주셨기 때문에 이제 그들은 하나님의 자

녀라는 것이 공식적으로 인정되었음을 말해 주고 있습니다.

그리고 17절에서는 우리가 하나님의 자녀가 된 것은 예수 그리스도를 믿는 믿음을 통해 예수 그리스도와 연합된 상태로 된 것이므로 예수 그리스도께서 장자로서 하나님의 상속자였던 것처럼 구원의 확신을 가진 우리들도 함께 하나님의 상속자가 되었다고 말합니다.

그런데 그뿐 아니라 그리스도와 함께 한 상속자이면 그리스도와 함께 고난도 함께 받아야 한다고 말합니다. 하나님의 상속자인 그리스도가 이천 년 전에 고난을 받았고 또 오늘날도 여러 곳에서 아직까지 많은 고난을 받고 있기 때문에 함께한 상속자인 우리들에게도 고난이 있을 것이라고 말하고 있는 것입니다.

우리들에게 닥치는 고난은 물질적 어려움, 건강의 문제, 자식의 문제, 대인 관계의 문제, 신앙생활에 대한 핍박 등 여러 가지 형태가 있을 수 있습니다. 이들 모두는 표면적으로 볼 때는 우리의 신앙생활에 큰 방해 요소가 될 수 있습니다. 그러나 우리는 이러한 고난에 굴복되어서는 안 됩니다.

왜냐하면, 하나님께서는 이러한 고난을 통해 오히려 우리의 믿음을 더욱 굳건하게 세워 주실 것이기 때문입니다. 그리고 현재의 이러한 고난은 하나님께서 우리에게 약속하셔서 우리가 가지고 있는 것들 곧 영생(영혼의 구원), 구원의 확신, 천국의 소망 등에 비할 것이 못 되기 때문입니다. 설사 이러한 고난으로 인해 우리의 육신이 죽임을 당한다 해도 믿음을 가진 자들은 오히려 육신을 벗고 영으로 하나님과 함께 영원히 살게 될 것을 알고 믿기 때문에 두려울 것이 없습니다.

우리에게 영생을 주시고 우리를 인도하시며 지키시는 분은 전능하신 하나님이십니다. 로마서 8장의 말씀이 우리에게 큰 위로와 힘이 됩니다.

롬 8:31-39

31 그런즉 이 일에 대하여 우리가 무슨 말 하리요 만일 하나님이 우리를 위하시면 누가 우리를 대적하리요

32 자기 아들을 아끼지 아니하시고 우리 모든 사람을 위하여 내주신 이가 어찌 그 아들과 함께 모든 것을 우리에게 주시지 아니하겠느냐

33 누가 능히 하나님께서 택하신 자들을 고발하리요 의롭다 하신 이는 하나님이시니

34 누가 정죄하리요 죽으실 뿐 아니라 다시 살아나신 이는 그리스도 예수시니 그는 하나님 우편에 계신 자요 우리를 위하여 간구하시는 자시니라

35 누가 우리를 그리스도의 사랑에서 끊으리요 환난이나 곤고나 박해나 기근이나 적신이나 위험이나 칼이랴

36 기록된 바 우리가 종일 주를 위하여 죽임을 당하게 되며 도살 당할 양 같이 여김을 받았나이다 함과 같으니라

37 그러나 이 모든 일에 우리를 사랑하시는 이로 말미암아 우리가 넉넉히 이기느니라

38 내가 확신하노니 사망이나 생명이나 천사들이나 권세자들이나 현재 일이나 장래 일이나 능력이나

39 높음이나 깊음이나 다른 어떤 피조물이라도 우리를 우리 주 그리스도 예수 안에 있는 하나님의 사랑에서 끊을 수 없으리라

우리가 하나님의 전능하심을 믿고 또 그 하나님이 바로 세상을 다스리는 주관자라는 것을 믿는다면 설사 우리에게 고난이 닥친다 해도 그것은 하나님의 큰 섭리 안에 있다는 것을 인정할 수 있습니다. 그리고 그러한 고난 속에서도 하나님은 우리의 영혼을 지키시고 우리의 믿음을 지켜 주실 것을 알고 믿기 때문에 낙심하지 않고 하나님께 모든 것을 맡기고 믿음으로 승리하며 나아갈 수 있습니다.

우리를 통해 이루시고자 하는 여호와 하나님의 선하신 뜻과 계획은 절대로 변하지 않습니다. 그리고 하나님께서는 우리의 연약함을 너무나 잘 알고 계시기 때문에 하나님의 뜻을 모두 이루실 때까지 우리와 함께하시며 우리를 지키시고 인도해 주실 것입니다. 우리를 도우시는 하나님에 대해 잘 말해 주고 있는 로마서 8장의 말씀을 보겠습니다.

> **롬 8:26-28**
>
> 26 이와 같이 성령도 우리의 연약함을 도우시나니 우리는 마땅히 기도할 바를 알지 못하나 오직 성령이 말할 수 없는 탄식으로 우리를 위하여 친히 간구하시느니라
> 27 마음을 살피시는 이가 성령의 생각을 아시나니 이는 성령이 하나님의 뜻대로 성도를 위하여 간구하심이니라
> 28 우리가 알거니와 하나님을 사랑하는 자 곧 그의 뜻대로 부르심을 입은 자들에게는 모든 것이 합력하여 선을 이루느니라

본문 26절의 말씀은 하나님께서도 우리의 연약함을 잘 알고 계시기 때문에 우리에게 성령을 주시고 그리고 그 성령께서 우리의 연약함을 돕도록 하셨다는 것입니다. 성령은 하나님의 영이므로 우리를 향한 하나님의 뜻을 정확하게 알고 계시고 그리고 그 뜻을 따라 우리에게 필요한 것을 우리를 위해 간절히 구하고 계십니다.

앞에서 우리는 우리가 드리는 올바른 기도는 하나님의 기뻐하시는 뜻이 우리의 원하는 것이 되어서 그 뜻을 따라 하나님께 구하고 또한 그 뜻을 따라 추구하며 나아가는 것임을 확인하였습니다. 구원받은 자들을 통해 이루시고자 하는 기뻐하시는 뜻을 가지고 계신 분은 전능하신 여호와 하나님이시고 하나님의 뜻을 따라 우리를 위해 간구하시는 분이 하나님의 영이면 그 뜻을 이루기 위해 우리의 삶을 주관하시며 우리를 도

우실 분도 또한 하나님이십니다.

　우리의 삶 속에 나타나는 여러 가지 기쁜 일, 슬픈 일, 어려운 일, 고난, 환란 그 모든 것은 하나님의 주관하심과 인도하심 아래에 있는 것입니다. 그리고 그 모든 것은 하나님의 기뻐하시는 뜻을 이루기 위한 하나님의 큰 섭리 안에서 하나님께서 허락하셨기 때문에 우리에게 나타나게 되는 것입니다. 그래서 위 본문은 하나님을 사랑하는 자 곧 그의 뜻대로 부르심을 입은 자(구원의 확신을 가진 자)들에게는 모든 것이 합력하여 하나님의 기뻐하시고 온전하신 선한 뜻이 이루어진다고 말하고 있습니다.

　따라서 그리스도인으로서 우리의 삶의 목적과 의미가 하나님의 기뻐하시고 온전하신 선한 뜻을 이루는 데 있다면 우리에게 어떠한 일이 일어나더라도 거기에는 분명 하나님의 선하신 뜻이 있을 것이라고 인정할 수 있습니다.

　때로 우리에게 닥친 어려움이나 고난에 대해 '왜 하나님께서 나에게 이런 일이 일어나도록 그냥 두셨을까?'라고 원망이나 불만을 가질 수도 있습니다. 그러나 하나님의 전능하심과 선하심을 믿는다면 우리는 오히려 우리에게 닥친 어려움을 통해 하나님의 기뻐하시는 뜻이 온전히 이루어지기를 기도해야 하고 또 그 어려움을 통해 우리의 믿음이 더욱 굳건하게 서 가고 더 성숙되어 가기를 기도해야 합니다.

하나님께서 우리를 향해 세우신 계획과 우리에게 주신 약속은 절대로 변하지 않습니다. 그리고 하나님께서는 반드시 그 일을 이루실 것이고 우리가 그 일을 이루어 나가는 데 있어 항상 우리의 발걸음을 선한 길로 인도하실 것입니다. 하나님은 미쁘신 분입니다. 고린도전서 10장의 말씀을 보겠습니다.

> **고전 10:13**
> 사람이 감당할 시험 밖에는 너희가 당한 것이 없나니 오직 하나님은 미쁘사 너희가 감당하지 못할 시험 당함을 허락하지 아니하시고 시험 당할 즈음에 또한 피할 길을 내사 너희로 능히 감당하게 하시느니라

본문에 나오는 '미쁘다'는 믿을 만하다 혹은 믿음성이 있다는 뜻의 우리말인데 그 대상을 하나님으로 지정하고 있습니다. 즉, 하나님은 믿을 만하다는 것입니다. 무엇에 대해 믿을 만한지 그 내용들은 이미 앞에서 구원받은 자들을 향한 하나님의 뜻과 계획이라는 것을 확인하였습니다.

하나님은 자신의 뜻과 계획 그리고 약속에 대해 책임을 지시는 분이기 때문에 한 번 말씀하신 것들을 바꾸지 않고 끝까지 완성시키실 것입니다. 우리는 우리를 향한 하나님의 뜻과 계획에 대해 하나님을 믿어도 됩니다. 왜냐하면, 하나님은 미쁘신 분이시기 때문입니다. 하나님께서는 우리에게 닥친 어떠

한 상황에 대해서도 우리가 그 일을 잘 감당할 수 있도록 우리를 도우시고 인도하실 것입니다.

그런데 하나님의 뜻을 따라 우리가 감당해 낸 결과는 하나님 편에서 보았을 때 하나님이 원하시는 결과이어야 합니다. 왜냐하면, 우리에게 소원을 두고 행하게 하시는 분은 하나님이시기 때문에 우리로 감당하게 하신 결과는 하나님의 뜻이 이루어지는 것이어야 하기 때문입니다.

그러나 하나님의 뜻을 이루기 위해 우리가 감당해 낸 결과는 인간적으로 볼 때 늘 행복한 것만은 아닐 수 있습니다. 오히려 불행해 보이고 실패한 것처럼 보일 때도 있습니다. 실제로 많은 선교사님이 선교지에 가서 선교를 하다가 죽음을 당하기도 하고 신앙생활을 잘하고 있는 그리스도인이 어려운 일을 당하기도 하는 소식들을 종종 듣기도 합니다.

그러나 우리가 미쁘신 하나님을 인정하고 믿는다면 하나님께서는 그러한 일을 통해서도 하나님의 뜻을 성실히 이루고 계신다는 것을 인정할 수 있습니다. 그러한 하나님을 믿는다면 이제 우리는 어떠한 상황에서도 두려워하거나 걱정할 필요가 없습니다. 모든 것을 하나님께 맡기고 기도할 수 있습니다.

다만 이제 우리가 해야 하는 일은 예수 그리스도께서 전능하신 하나님의 아들이며 십자가 희생을 통해 우리를 사망에서 구원해 주신 나의 주인이신 것을 고백하고 그 믿음 위에서 흔들리지 않고 그분의 뜻을 구하며 앞으로 나아가는 것입니다.

그것이 곧 그리스도인의 올바른 삶의 모습입니다.

때로는 예수 그리스도에 대한 올바른 믿음을 가진 그리스도인들도 육의 몸을 입고 있기 때문에 내적으로 혹은 외적으로 여러 가지 세상적인 죄의 유혹을 받게 될 수 있습니다. 그럴 때마다 그리스도인들은 성경을 통해 보여 주시는 하나님의 말씀의 본질과 믿음의 본질과 신앙의 본질 위에 굳게 서서 좌로나 우로나 치우치지 않고 기도와 말씀으로 그러한 유혹에 맞서 싸워야 합니다. 설사 우리의 육신의 목숨을 포기할지라도 우리는 하나님께서 주신 영적 생명을 가진 자로서 우리의 믿음을 지키며 끝까지 싸워 나가야 합니다. 하나님께서 세상 끝날까지 우리와 함께하실 것입니다.

이제 이 책의 모든 내용을 정리하고자 합니다. 처음 하나님을 믿기로 작정하신 분이나 신앙생활을 시작하신 지 오래지 않아서 기독교의 교리나 성경에서 이야기하고자 하는 바를 명확히 알지 못하시는 분들이 이 책을 읽으신다면 하나님의 말씀을 알고 올바른 신앙생활을 하는데 미약하나마 도움이 되셨기를 바랍니다. 그리고 아직까지 예수님을 영접하지 않으신 분이 있다면 마음속으로 혹은 소리를 내어서 다음과 같이 기도해 보시길 바랍니다.

예수님!

이제 저는 창조주 하나님이 계신다는 것과 저는 하나님께서 창조하신 하나님의 피조물이라는 사실을 알았습니다. 그러나 하나님 앞에서 저는 죄인이어서 죽을 수밖에 없지만 하나님께서 저의 죄 문제를 해결해 주시기 위해 예수 그리스도를 이 땅에 보내시고 예수님께서는 저의 죄를 대신하여 십자가에 못 박혀 죽으셨다는 사실을 알았습니다. 그리고 예수님께서 저를 위해 대신 죽으셨기 때문에 저의 죄 값이 치러졌고 따라서 이제 저는 더 이상 죄인이 아니며 하나님 앞에 담대히 나아갈 수 있다는 사실도 알았습니다.

예수님!

이제는 이 모든 말씀을 인정하고 예수님께서 저의 생명의 주인이며 삶의 주인이며 영혼의 주인이 되시기를 원합니다. 저에게 오셔서 하나님의 진리의 말씀을 올바로 알고 믿을 수 있도록 저를 도와주시고 저를 구원하신 구원자로서 저를 주관하여 주시고 저를 인도해 주셔서 주님의 뜻을 따라 살 수 있도록 도와주옵소서. 예수 그리스도의 이름으로 기도합니다.

아멘!